長崎偉人伝

永井《ながい》 隆《たかし》

小川内清孝

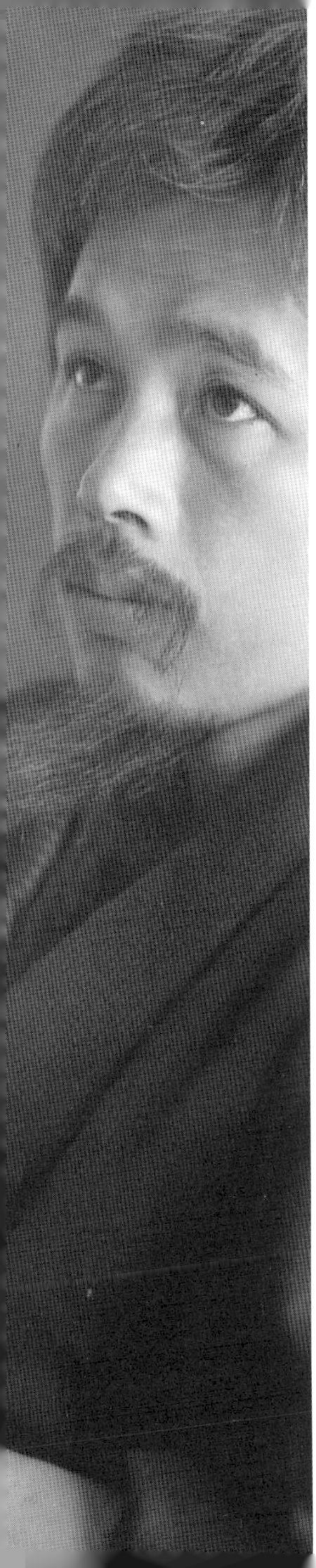

はじめに　人間・永井隆に魅せられて

十数年前だったか、旧長崎医科大学のバスケットボール（篭球《ろうきゅう》）部の元部員のみなさんの座談会記録を拝見したことがあった。座談会に出席していたのは永井隆《ながいたかし》博士の後輩達だったと思う。その中に出てくる永井隆部員に関するエピソードの多くは、私の知っているような聖人・永井隆のイメージではなかった。意外なことに、酒豪で、いたずら好きで、周囲に笑いをもたらす豪放磊落《ごうほうらいらく》な若者の人物像が浮かび上がってきたのである。

その時私の脳裏には、彼が通った旧制松江高等学校の寮歌『青春の歌』のおおらかで雄大なメロディーが駆け巡っていた。

たぶん一般的に知られている永井隆のイメージは、長崎に原爆が投下されて以降の長崎医科大学物理的療法科部長として、被爆者救護に尽力した永井隆博士の生き様であろう。それは彼自身が残した著作を読めば知ることができる。

だが、私が強く興味を引かれたのは、島根時代の生い立ちから長崎医科大学の学生時代までの人間・永井隆の生き方であり、エピソードだった。故郷島根県飯石郡《いいしぐん》飯石村の人々の記憶に残る永井隆像であり、長崎医科大学バスケットボール部の後輩達が座談会で語る永井隆像であった。その情報は、隆自身の著作の中に断片的に語られてはいる。しかし、私はそれ以上のことをもっと知りたいと思った。実はその渇望が本書を書く強い動機となったのである。

つまり私は、これまでの永井隆に関する偉人伝とは少しだけ違う読み物を目指したのである。

1945年（昭和20）8月9日11時2分、太平洋戦時下の広島に続き長崎の地に、アメリカの爆撃機B29によって一発のプルトニウム原子爆弾が投下され、爆発した。島根県出身の永井《ながい》隆《たかし》は、物理的療法科の助教授として勤務していた長崎医科大学附属医院で被爆した。その時の長崎の惨状を、永井自身が執筆した『原子爆弾救護報告』「此世《このよ》の地獄」の項で次のように記している。

〈地上一切のものは瞬時に粉砕せられ地球が裸になった！　1キロメートル以内では木造建築物は粉砕せられた。鉄筋コンクリートは倒壊した、工場は押しひしゃがれた。墓石は投げ倒された、草木の葉は吹き消され、大小の樹木悉《ことごと》く打ち倒された。戸外にあった生物は昆虫から牛馬人間に至るまで即死し屋内にあったものは倒壊家屋に埋没せられた。ただ「あっ」と叫んだ間に浦上一帯はかく変相していたのである。唯一瞬間に。〉(『原子爆弾救護報告』)

永井は原爆で最愛の妻緑《みどり》を亡くした。多くの同僚や教え子を亡くした。自身も右側頭動脈を切り重傷を負いながら、自ら隊長を務める医療隊を指揮し励まして、被爆直後から多くの負傷者の救護に当たった。放射線医学の専門医として、いわゆる「原爆症」の観察と研究に献身的に取り組んだ。

被爆以前に発症し余命3年と宣告された慢性骨髄性白血病と闘い、終戦後、病床についても旺盛な執筆活動を行った。不屈の研究者として、医師として、厚い信仰心をもつカトリック信徒として、2人の子どもの父として、その役割を全うしようとした。永井の思いは、「己の如く人を愛せよ」と「平和を」の言葉とともに、長崎のまちの復興、文化の復興、残されるわが子2人への思い、切なる世界平和の願いへと広がっていった。

若い頃の永井はバスケットボール、詩句、絵、演劇を趣味とした。大の酒好きでもあった。何よりも故郷島根や家族を愛した。

被爆後、『長崎の鐘』『ロザリオの鎖』『この子を残して』『いとし子よ』『亡びぬものを』など、短期間に多くの著書を残し、世界中の人々から共感を得た。

しかし、生存中に名声が高まるにつれて、「生き神様」や「聖人」と呼ばれ周囲に持ち上げられることを、永井は嫌った。自身の行動を美談とし美化されることを嫌った。偉人扱いを嫌った。常に永井はひとりの不完全な人間として自身の人生を見つめていた。

本書では、戦後復興に邁進する国民に勇気と希望と感動を与え、世界平和を訴え、被爆から6年余りで43歳の生涯を終えた永井隆博士の足跡とともに、ユーモアに溢《あふ》れ機知に富んだ人間的魅力を紹介した。永井の被爆体験と救護活動を冒頭で紹介し、生い立ちに戻るという構成にして、長崎原爆投下前を「隆」表記とし、原爆投下以降を「永井」表記とすることとした。もちろん一般的に知られているエピソードはそのまま紹介し、長崎市永井隆記念館の永井徳三郎館長のご協力のもと、知りえる限りそれ以外のエピソードも集め追加した。第9章では没後の永井批判にもふれた。本書全体の内容について、永井隆博士を知らない若い世代の入門書的位置付けとして読んでいただければ幸いである。

もくじ

第1章

長崎原爆と学内救護活動

昭和20年８月９日の朝

太平洋戦争時下、連合国軍の日本本土への空襲が激しさを増していた。１９４５年（昭和20）７月、トルーマンアメリカ大統領は原子爆弾の使用を承認し、連合国側はポツダム宣言を発表、日本に無条件降伏を要求した。

造船所や兵器工場を抱える長崎市内にも、アメリカ軍爆撃機による空襲が激しくなっていった。同年７月29日、31日、８月１日と、長崎市内への空襲は続いた。とくに８月１日の空襲では、長崎医科大学の施設にも大きな被害をもたらし、一般市民の間に不安が広がっていた。

そして迎えた運命の８月９日。

永井隆は著書『長崎の鐘』の冒頭で、その日の朝のことをこう振り返っている。

〈昭和二十年八月九日の太陽が、いつものとおり平凡に金比羅山から顔を出し、美しい浦上は、その最後の朝を迎えたのであった。川沿いの平地を埋める各種兵器工場の煙突は白煙を吐き、街道をはさむ商店街のいらかは紫の浪とつらなり、丘の住宅地は家族のまどいを知らす朝餉《あさげ》の煙を上げ、山腹の段々畑はよく茂った諸の上に露をかがやかせている。東洋一の天主堂では、白いベールをかむった信

者の群が、人の世の罪を懺悔《ざんげ》していた。〉（『長崎の鐘』参照）

広島のまちに「リトルボーイ」と呼ばれる原子爆弾が投下されてから3日後のことだった。

その日の午前2時49分、テニアン（マリアナ諸島）を飛び立ったアメリカ軍爆撃機B29（ボックスカー）は原子爆弾「ファットマン」を搭載し、第一目標だった小倉上空に達した。だが、上空は雲や焼夷弾による煙におおわれており、投下目標の目視が不可能と判断。第二目標の長崎に向かい、8月9日午前11時2分に2発目の原爆を投下した。当日の長崎上空も雲におおわれていたが、雲の切れ間ができて目視可能となり、原爆は高度約9、000メートルから投下されたという。投下された地点は、長崎駅から北西約2・5キロメートルの距離にある浦上盆地（現在の松山交差点付近）だった。

その原子爆弾は地上から約500メートル上空で炸裂した。長崎のまちに一瞬閃光が走り、大爆発音が響きわたり、凄まじい爆風と熱線と放射線が駆け抜けた。その直後から長崎のまちは阿鼻叫喚《あびきょうかん》の地獄絵図と化した。

長崎に投下された原子爆弾のきのこ雲（長崎原爆資料館蔵　米軍撮影）

1950年（昭和25）の長崎市原爆資料保存委員会調査報告によると、長崎原爆による死者は73、884人、負傷者は74、909人。原爆の爆風と熱線によって爆心地から半径1キロ以内の20カ町は全滅、同時に火災を発生して全焼、半径2キロ以内の20数カ町も約8割が倒壊し、全焼したといわれている。当時の長崎市の人口約24万人のうち約3分の2に当たる人々が死傷し、長崎市の約3分の1に当たる広い範囲の土地を破壊し焼き払った。

『長崎の鐘』によれば、その日も永井隆博士は長崎医科大学（現在の長崎大学医学部）物理的療法科の部長として放射線医学の研究と治療に従事しており、長崎医科大学附属医院内の外来本館2階で被爆した。

当時の物理的療法科の建物は、病院で唯一の木造の建物だったために空襲による火災の危険性があった。同年6月頃、同科はコンクリート建の外来本館2階と内科病棟の地下1階の一室に分散的に移転（疎開）することになり、レントゲン装置設置の工事が終わって間もなかった。

長崎市内では、8月9日早朝から警戒警報・空襲警報の発令と解除がくり返されていたという。

当日の長崎医科大学の講義は、いつもの通り基礎教室の講堂で朝8時に開始の予定だった。本来ならば8月は夏期休暇中であったが、当時は戦時の非常短期速成の名目で休暇を返上し講義が続けられていた。

その始業前に学内に警戒警報が鳴り響いた。学生達はすぐさま講堂から附属医院の大廊下へ向かい、幾組かに分かれて、それぞれの持ち場へ移動した。『長崎の鐘』によれば、当時の長崎医科大学の基礎教室や研究室や附属医院は、国民義勇軍の命令で、それぞれ専門性をもった医療救護隊に改編されており、直ちにその担当配置についたのであった。

続いて、けたたましく空襲警報が鳴り出した。

その日、永井は防空当番教官に当たっていた。彼は附属医院の玄関から大廊下を通り裏門まで見回った。各病室の入口には、防空服に身を固めた看護師や学生が待機していた。各所に配置してあったバケツに水がいっぱい張られていた。裏門には手押しポンプ隊が待機していた。入院患者は次々に防空壕へと運ばれていった。永井は防空当番教官として院内の対応に満足し、東側の病棟へ向かった。外科や産婦人科や耳鼻咽喉科の病棟は、8月1日の空襲で破壊された跡がそのままの状態だった。

その後、空襲警報は解除され、引き続き警戒警報に切り替わった。情報係の看護婦がラジオ放送の「九州管内敵機なし」を永井に報告した。本部伝令が「ただちに授業始め」と叫びながら廊下を通り抜けて行った。

空襲警報解除により、午前9時頃には通常に戻り、医科大学の基礎教室で講義が始まった。附属医院の受付には外来患者が押し寄せて来た。永井も外来本館2階の研究室（ラジウム室）の机で、学生の講義に使うレントゲン写真の整理を始めた。古いレントゲン写真を整理して、教材用と破棄とに分別する作業をしていた。

これでいつもの日常が戻ったかに思われた……。

原爆投下直後

永井隆が勤務していた長崎医科大学と附属医院の建物は、爆心地から東に600～700メートルの距離の丘にあった。大学本館と基礎教室及び2つの専門部は木造建築、附属医院は基礎教室の南100メートルの丘にあり、地下1階地上3階の鉄筋コンクリート建であった。木造であった大学本館と基礎教室は原爆の炸裂と当時に倒壊し、次いで火災が発生し全滅した。当時の学内は講義中であったために、教職員や学

原爆被害にあった長崎医科大学附属医院の建物。
右奥の山は穴弘法山（長崎原爆資料館蔵　小川虎彦氏撮影）

生の多くが爆死か被爆死であった。附属医院の建物の外形はそのまま残ったものの内部は破壊され、火災が発生した。院内も爆死者と多くの負傷者が出た。

原爆が落ちたその瞬間のことは、『長崎の鐘』に次のように記されている。

〈時計は十一時を少し過ぎていた。病院本館外来診療室の二階の自分の室で、私は学生の外来患者診察の指導をすべく、レントゲン・フィルムをより分けていた。目の前がぴかっと閃いた。まったく晴天のへきれき

長崎医科大学附属医院の傾いた門柱。
崖上は全焼した内科病棟
（長崎原爆資料館蔵　林重男氏撮影）

であった。爆弾が玄関に落ちた！　私はすぐ伏せようとした。その時すでに窓はすぽんと破られ、猛烈な爆風が私の体をふわりと宙に吹き飛ばした。私は大きく目を見開いたまま飛ばされていった。窓硝子の破片が嵐にまかれた木の葉みたいにおそいかかる。切られるわいと見ているうちに、ちゃりちゃりと右半身が切られてしまった。右の眼の上と耳あたりが特別大傷らしく、生温かい血が噴いては頸《くび》へ流れ伝わる。痛くはない。目に見えぬ拳骨が室中を暴れ回る。寝台も、椅子も、戸棚も、鉄兜も、靴も服もなにもかも叩き壊され、投げ飛ばされ、掻き回され、がらがらと音をたてて、床に転がされている私の身体の上に積み重なってくる。埃っぽい風がいきなり鼻の奥へ突っ込んできて、息がつまる。私は目をかっと見開いて、やはり窓を見ていた。外はみるみるうす暗くなってゆく。ぞうぞうと潮鳴のごとく、ごうごうと嵐のごとく空気はいちめんに騒ぎ回り、板切れ、着物、トタン屋根、いろんな物が灰色の空中をぐるぐる舞っている。あたりはやがてひんやりと野分《のわき》ふく秋の末のように、不思議な索莫さに閉ざされてきた。これはただごとではないらしい。〉（『長崎の鐘』参照）

『長崎の鐘』によれば、原爆投下直後、永井の身体は吹き飛ばされ、崩壊した建物の下敷きになって、身動きがとれなくなっていた。室内にはほこりとガスらしき臭いが充満した。そして真っ暗になった。「おーい、おーい」と声を出してみたが、誰の返事もなかった。

実はその時、隣のレントゲン室には17歳の橋本千東子看護婦がいた。彼女は図書棚の間にいて運よく無傷だった。倒れた図書棚の裏からはいだして、すぐに救護体制に入ろうと思った彼女は、周囲を見渡して驚愕《きょうがく》した。室内は無茶苦茶に崩れ、瓦礫《がれき》が散乱し足の踏み場もない状態だった。瓦礫を踏み越えて窓から外を見てみると、その変わり果てた光景にさらに衝撃を受けた。目前にあった坂本町、岩川町、浜口町の見慣れた風景が消えていた。工場も煙突も消えていた。稲佐山は赤茶けた岩肌をさらしていた。木々はなぎ倒され葉っぱの緑も消えていた。外には幾人もの黒い裸の死体が横たわっていた。

　橋本看護婦が混乱し絶望にかられていた時、「おーい、おーい」という永井の叫ぶ声を聞いた。彼女は「部長先生の声だ！」と思い、すぐに瓦礫をかき分けて隣室に行こうとしたが、レントゲン台や電気コードなどで行く手を阻まれた。そこで、階下の透視室にいるはずの久松シソノ看護婦長達に応援を頼もうと、レントゲン室を出て透視室へ急いで向かった。

　しばらくして、永井は何とか自力で脱出し、隣のレントゲン室へと出た。そこへ橋本看護婦と久松婦長、施焜山《しこんざん》副手らが駆けつけ、「よかった、よかった」と永井と肩を叩き合った。互いの無事を確認し合った喜びもつかの間、永井はすぐに他の科員や医科大関係者を捜して救出しようと声をかけた。5分後に再び集まるように指示して、集まっていた科員を四方に散らせた。

　間もなく、レントゲン治療室の機器の下敷きになっていた梅津梅吉雇（事務員）が救い出された。廊下に運ばれて来てペタリと座り込んだ彼は、目の上を切り鮮血にまみれて重傷だった。永井はすぐに梅津雇の傷の処置をして、施副手に向かって彼を背負って裏山に避難させるように指示を出している。

後日梅津雇の遺族が残した手記には、その時の永井について、「そこには鮮血に染まった部長先生が、杖をつき仁王立ちになって、学生達を指揮している姿が、神々しく見えた。」と記されている。

附属医院内は内科、産婦人科、皮膚科など外来患者の診療中だったので、室内や廊下におびただしい数の死体や重傷者が倒れていた。泣き叫ぶ子ども、子どもの名前を呼び続ける母親、あたり構わず怒鳴り続ける男、うろうろ歩き回る学生など、次第に被害状況が分かってくるにつれて周囲は騒然となっていった。

永井らはすぐにその場で負傷者の応急手当を始めた。近くの負傷者から順番に手当をしていったが、負傷者は次々にやって来た。自身のこめかみの動脈が切れていた永井。『長崎の鐘』によれば、その負傷箇所を自分の手で押さえて懸命に救護に当たった。しかし、時々手を離すと〈まるで水鉄砲で赤インクをとばすように〉傷口から血が吹き出したという。その際、自身の脈を確認して〈あと三時間は私の身体ももてるだろうと計算しながら〉、冷静に患者の処置を続けた。

同僚の看護婦５人の行方を捜しに行っていった橋本看護婦と椿山政子看護婦が戻って来た。２人は、（看護婦５人がいるはずの）運動場へは倒木と火と死骸で行けない、基礎教室の建物は火の海、附属病院の中央部分は大火事、裏門とは連絡がつかない、死傷者の数は見当がつかないと、永井に報告した。その時、科員の安否を気づかう永井の脳裏には、教え子であり部下であり親しい5人の看護婦達の顔が次々に浮かんだという。

その悲惨な状況を永井はこう表現している。

〈それにしても、これは戦争の常識にない一大事である。予想だにされなかった大規模な惨害である。おそらくは歴史的な事件に数えられるものにちがいない。腰を据えてかからねばならぬ。〉（『長崎の鐘』参照）

戻って来た施副手と久松婦長が永井の傷に薬をぬり、ガーゼで圧迫止血をして、応急処置をした。しかし上から締めつけた三角巾はみるみる真っ赤に染まった。

それでも永井は冷静に「機器が正常に作動するか調べてくるように」と次の指示を皆に飛ばした。この時の永井は、第十一医療隊（物理的療法科班）の隊長としてどう行動するべきかを考えていた。当時の物理的療法科は、長崎医科大学附属医院の中で11番目の教室だったので、第十一医療隊と呼ばれていた。浮き足立ってはおしまいだ、あわてるな、落ち着け、と自分の心に言い聞かせた。再び戻って来た皆の報告では、機器類は全部破損して使い物にならないとのこと。建物の周囲はすでに一面火の海だった。

建物の惨状から、野戦病院の設置と患者の移送が急務だと判断した永井は、皆に向かって身支度を整え弁当を持って玄関前に集まるように指示を出した。その指示を出す前に、経験したことのない未曾有《みぞう》の事態に直面し不安を隠しきれない科員の顔を見渡し、その場にどっかとあぐらをかいて、永井は唐突にニヤリと笑った。この突然の永井の表情の変化に、つい皆もつられてぷっと吹き出した。

満州・日中両事変の従軍医時代に幾つもの修羅場をくぐり抜けてきた医療任務経験からか、持ち前の機知に富んだ彼の性格からか、永井は一見場違いとも不謹慎とも思える行動に出たのであろう。人を動かすための機転といってもいい。このことで皆も平常心を取り戻し、落ち着き、冷静に次の行動に移ることができたのである。

救護活動開始

被爆から約20分が経過していた。附属医院の建物は中央部分から燃え広がっている。一帯は火の海。病院の外来本館の玄関の車寄せには、おびただしい数の死傷者が横たわっていた。わずかに東側の丘のみ炎が見られなかった。

永井は二人一組になって燃え盛る病棟から患者を救い出す判断を下す。その指示を皆に伝えたあと、周囲に「あわてるな」と声をかけながら自身は地下の手術室へ向かった。衛生材料置場の担架はバラバラになり、手術機器や注射器は散乱し使い物にならない。永井は暗たんたる気持ちで玄関前の広場に戻り、救護全般の指揮をとることにした。

しばらくすると、友清史郎技手が負傷した角尾晋学長を背負ってやって来た。学長は外来患者の診察中に被爆していた。普段かけている学長の眼鏡はなく全身血で染まっていたが、脈を計ると正常だった。角尾学長は、「永井君、大変だね。ご苦労だね」と永井に声をかけた。永井は友清技手に学長を連れて病院裏の穴弘法《あなこうぼう》の丘に避難するように指示を出した。

角尾学長は東京出張から帰ったばかりで、6日の広島の新型爆弾投下の惨状も実際に見てきていた。大学職員を集めてそういう状況の説明もしたばかりであった。

附属医院内の負傷者は次々に救出され運び出された。救出作業の指示に追われていると、永井の腕時計の針はいつの間にか午後2時を指していた。原爆投下から3時間が経過した。火の手の勢いは衰えるどころか勢いを増すばかりだった。医院内の患者や負傷者を運んでいた医院本館前のコークス置場も危険が迫っていた。

永井は患者や負傷者を安全な裏の丘の上のイモ畑に移動させる指示を出す。だが道は狭く、家屋の倒壊物がじゃまして、移動は難しい作業であった。道々には負傷者がのたうち回っていた。水を求める者、ショックで無表情の者、出血多量の者、放心状態で子どもの名を呼び続ける者、腸が飛び出している者、全身火傷の者など、その状況は凄惨を極めた。

医療隊は瓦礫を避けながら重傷者を背負い、岩肌や石垣をよじ登って運び上げた。永井自身も負傷者を背負い運んだが、何人目かで力が出なくなった。こめかみの動脈の出血は止まらなかった。永井は、意識のない母親の横で泣き声を上げていた生後２カ月くらいの赤ん坊を抱きかかえて、畑へ登った。その後ろを久松婦長が赤ん坊の母親を抱きかかえて従った。

医療隊は男女問わず自らの衣服を裂き、負傷者の傷口に当てて包帯代わりとした。ゲートル、タオル、風呂敷など、使えるものは何でも包帯代りに用いたという。

その時、上空から黒い雨が降り出した。永井は『長崎の鐘』で、〈大粒の雨がぽたぽた降りだした。指頭大の黒い雨で、くっついた所は重油か何かのように色がついた。これは上の魔雲から落ちてくるようだった。〉と振り返っている。

午後4時頃になると、患者や負傷者の移送が終わり、安全な丘の畑に並べて寝かせた。負傷者のために、屋根があり日陰になる場所を皆で探したが、適当な場所が見つからなかった。医療隊はそこで遅い昼食（乾パンや缶詰などの非常食）をとっている。全員とても食べられるような心境ではなかったが、こういう非常事態がいつまで続くのか分からないので、体力維持のために無理矢理腹におさめた。

丘の上から附属医院の建物が焼け崩れる光景を目の当たりにした。撮影室や診療室や研究室も燃えた。貴重な学術標本や症例写真ファイルも文献も燃えた。治療機器も燃えた。今や火勢は建物全体に広がっていた。永井らはただ呆然と眺め、立ち尽くすしかなかった。

燃え崩れていく建物を見つめて、永井は附属医院からの完全離脱を決意する。

裏山の丘のイモ畑で横になっている角尾学長の様子を医療隊全員で見舞った。角尾学長は外套を被り雨に濡れた状態で丸くなって寝ていた。そんな学長の姿を見て、永井は涙を流す。角尾学長に向かい、「病院表付近の患者全員救出完了。物療科は次の作業準備のため下の谷間に集結します」と報告した。

学長のいる場所を大学の仮本部としようとして、永井らは白いシーツに自らの鮮血を塗って目印の日の丸を作り、竿にくくりつけて丘の上に押し立て掲げた。その時の心境を、〈丘の上に立って燃える大学の最後の姿を見下ろしている私たちは、まさに昭和の白虎隊だった。〉（『長崎の鐘』参照）と吐露《とろ》している。久松婦長は後年この時の永井のようすを、〈「大学の学生職員は集まれ！　大学本部はここだぞ！」と振り絞って叫ばれましてね。悲愴でしたよ。〉（放射線医学教室　同門会誌「あらたま」２号）と回想している。この血染めの日の丸の下には、医科大学・附属医院関係者が続々と集まって来た。その間、永井は自ら負傷しているにもかかわらず、隊員達や大学関係者を前に常に大きな声で指示を出し、「本部はここだ！　学長は元気だぞ！　皆元気を出せ」と励まし鼓舞し続けたという。

角尾学長に救護状況の報告を終えた永井は、10歩か20歩ばかり歩いたところでめまいを覚えよろめいた。ちょうどその場所に横になっていた梅津技手の脈を取り、脈の強さに安堵し、自分の上着を彼にかけてやって、畑から一段降りると同時に卒倒した。あわてて施副手が止血の応急処置をしたが、血は止まらない。「永井先生の出血が止まらないので来て下さい！」と呼ばれた外科の調来助《しらべらいすけ》教授が駆けつけて来て、手術をして、ようやく血は止まった。永井は調教授にお礼を言ったところで急に全身がだるくなり気を失った。

この時のようすについて調教授は、〈永井君は右耳前部に示指頭大の切創があり、それからの出血が甚しくてレントゲン科の助手が二人がかりで止血に努めて居たが駄目らしい。コッヘルが幾本となく垂れ下って居る。麻酔なしの手術に顔色一つ変えない永井君は洵《まこと》に神々しい様な気高い気がした。代わってコッヘルを使ってみたが矢張り駄目だ、仕方なく創内にタンポンを強くつめて其上から縫合した。これで漸《ようよ》う止まった様である。手術がすむと、レントゲンの助手は看護婦をつれて山を下り向うの崖下に夜寝るために小屋を作り初めた。永井君はクリスチャン丈に丁度「キリスト」が聖教徒をつれて巡礼する時の様な感じだった。〉と、『長崎医科大学原爆被災復興日誌』に記している。

日が落ちても周囲の炎は燃え盛っていた。稲佐山の上には三日月が見えた。意識は取り戻したもののまだふらつく永井の指示で、医療隊の男性陣は崖下の病棟の谷間に木切れや藁《わら》で仮小屋を作り、女性陣は畑の中で鉄兜《てつかぶと》を鍋代りにして南瓜《かぼちゃ》と冬瓜《とうがん》を煮て夕食の準備をした。指示を出し終えた永井はしばらくの間眠った。

「長崎医科大学戦災復興記録」の調教授の記述によれば、〈永井助教授は部下を従へ「がけ」に木を横《よこた》へ其下に藁をしきて露営の場所を設営す。余も其處にて一泊す。〉とある。

原爆投下から8時間が過ぎた。永井の医療隊は小さな輪となり南瓜と冬瓜の鉄兜鍋を囲んだ。南瓜と冬瓜は畑に転がっていたもので、水は岩水からやっとすくいあげたものだった。皆食欲はなかったが、今後の救護活動があるのでこの時も無理矢理腹におさめた。のどの渇きを潤すためにきゅうりをかじりながら食べた。久松婦長の手記「原爆受難記」によれば、その座に浦上刑務所から逃げ出したと語る青い服の囚人が2、3人嬉しそうに笑みを浮かべて加わっていたという。

そこへ物理的療法科と親交のあった清木《せいき》美徳附属薬学専門部教授らが顔色を変えてやって来て、「薬専の防空壕に学生達が20人ばかり負傷して死にかけているので至急救護に来てくれ！」と懇願した。

清木教授の手記「きのこ雲の下で」によると、彼が負傷した学生達の救助を求めてやって来たのはこの日二度目だった。清木教授は附属薬学専門部の防空壕掘りの作業を指導中に壕内で被爆した。大柄の清木教授の姿は真っ裸に近い状態で、角棒の杖をついていた。その時横になっていた永井は自分の黒いズボンを、久松婦長は誰かのカッターシャツを、清木教授に着るようにと渡した。しかし清木教授の救助依頼については、医療隊の人出不足を理由にいったん断っている。

それで清木教授は一度防空壕に帰ったものの、学生の負傷者は手の施しようのない状態だったので、「ぜひ何とかして学生を救援してほしい！」と、再び救助を求めにやって来たのだった。

清木教授のこの日二度目の救護依頼には、医療隊がすぐに応えた。さっそく永井の指示で施副手、久松婦長、橋本看護婦、小笹技手らが薬学専門部の防空壕へ向かい、学生負傷者の応急処置をすることになった。残った隊員は仮小屋周辺の負傷者の救護に当たった。

その夜、負傷している永井は仮小屋の藁の中に寝かされた。8月9日は、夜になっても上空に敵機が飛来し、建物の火災はなかなかおさまらなかったのである。

原爆投下翌日

原爆投下の翌日である8月10日の朝、変わり果てた長崎のまちの様子について、『長崎の鐘』にはこう記されている。

〈八月十日の太陽は、いつものように平凡に金比羅山から顔を出したが、その光を迎えたのは美しい浦上ではなくて、灰の浦上であった。生ける町ではなくて死の丘であった。工場は無造作に圧しひしゃがれて煙突は折れ、商店街は瓦礫《がれき》の浜となり、住宅地はただ石垣の段ばかり、畑は禿《は》げ、林は燃え、森の巨木はマッチを並べたように倒され、満目荒涼《まんもくこうりょう》、犬一匹生きて動くものはない。夜半突然火を発した天主堂が、紅蓮《ぐれん》の炎をあげて最後のピリオドを打っている。〉（『長崎の鐘』参照）

前夜、永井に勧められて仮小屋で休んだ調教授の『長崎医科大学原爆被災復興日誌』には、10日の朝のことが次のように記されている。

〈明くれば八月十日、一天晴れ渡って一片の雲もない。昨日に引きかえてあたりは静まりかえって居る。永井君達は朝未だほのぐらい中に起き出で、東方に向い整列して朝の行事を初めた。毎朝やるものと見えて全員一斉に声も揃い神々しい気がする。自分も列には加わらなかったが、正座して一同に和した。それがすむと永井君を先頭に隊伍を整えて薬専の横穴壕へ向かって出かけた。〉（『長崎医科大学原爆被災復興日誌』）

明け方から永井の医療隊は附属薬学専門部の防空壕に移動し、負傷した基礎教室の教員や学生の救護に当たった。この壕は平地を3メートルばかり掘り下げて横にコの字型の穴を掘った頑丈なものだった。細菌教室の中には幾人かの黒焦げの骨があった。被爆当時、講義が行われていた基礎教室の木造の講堂へ行くと、教え子達の黒焦げの骨が幾十も整然と並んでいた。受講学生のほとんどが座ったままで即死状態であった。

運動場の増産畑付近で、永井らは点々と横たわる五つの死体を見つけた。物療科学教室看護婦の山下秀子、吉田キヨ子、井上ミツネ、浜トモエ、大柳ツヨの変わり果てた姿であった。永井の教え子であり部下であった5人の看護婦は、科所有の畑を耕す作業の最中に被爆した。「長崎医科大学戦災復興記録」によれば、〈運動場にも看護婦らしき死体数個あり。物療の施君が来てレントゲン所属の看護婦なりと名前迄述ぶ。〉とある。若き5人の女性は即死だった。久松シソノ婦長の講演記録「私の被爆体験―永遠の平和を願って―」には、〈素っ裸で全身ぱんぱんに膨張し、煤と泥にまみれ、皮膚は紫色にうっ血し、皆目見分けがつきません。幸い首のまわりに残った僅かばかりのかすりの柄で見分けることが出来ました。〉と記されている。

その日の夜は生き残った科員全員で5人のお通夜を営んだ。

『ロザリオの鎖』に「井上と山下」という項がある。永井によると、松浦の鷹島出身の井上ミツネは成績優秀な看護婦、天草出身の山下秀子は手に負えぬわがまま者。対照的な2人であった。反抗的で失敗ばかりくり返す山下に対して、永井は厳しく指導したが、彼女は天草の実家へ逃げ帰ったこともあった。しかし、父親に連れられて戻って来てから、山下の態度は変わった。自分の価値を知り、反省し、成績はぐんぐん上がった。永井は若き井上や山下らの将来の活躍を期待した。だが、原爆は若い2人の希望に満ちた将来を奪い去った。終戦後、永井の記憶に鮮明に残っていたのは、成績優秀な井上よりもむしろ山下のほうだったという。

運動場にいた永井のもとに久松婦長が走りよって来て、1枚の紙片を渡した。それは、昨夜敵国の爆撃機B29からまかれた「即刻都市より退避せよ　日本国民に告ぐ‼」という日本人に降伏を促すビラだった。そのビラの冒頭には、〈米国は今や何人もなし得なかった極めて強力な爆薬を発明するに至った。今回発明せられた原子爆弾は只その一箇を以てしても優にあの巨大なB－29二千機が一回に搭載し得た爆弾に匹敵する。この恐るべき事実は諸君がよく考えなければならないことであり我等は誓ってこのことが絶対事実であることを保証するものである。〉と書かれていた。

すぐに内容に目を通した永井は、昨日長崎に投下された爆弾が原子爆弾だという事実を初めて知り、思わず「あっ、原子爆弾！」と叫んでいた。「科学の勝利、祖国の敗北。物理学者の歓喜、日本人の悲嘆」と、研究者と日本人の被爆者としての狭間で感情は揺れ動き、永井自身は複雑な心境であったようだ。

ビラを読んだ直後の気持ちを、『長崎の鐘』に次のように吐露している。

〈一度読んで肝を奪われた。二度読んで人を馬鹿にしていると思った。三度読んで何をぬかすかと憤った。しかし四度読むとまた気が変わって、これはもっともなことだと考えた。五度読み終わってこれは宣伝ビラではなく、冷静に事実を述べているのを知った。〉（『長崎の鐘』参照）

気持ちの整理のつかないまま、何とも言えない気持ちで歩き回った廃墟で、永井は1本の竹槍を見つけた。その竹槍を拾い高々と掲げて、「ああ、竹槍と原子爆弾、これはなんという悲惨な喜劇であろう」と涙を流したという。

ビラを持って永井は薬専の防空壕に戻り、清木教授らに原子爆弾投下のことを知らせた。清木教授は「うーむ」となって、仰向けに倒れ、しばらく沈黙した。それから清木教授を中心に教授達何人かが集まって、原子物理学的に原子爆弾を論じ始めた。

永井ら数名の教職員は、原子物理学に興味を持ち、それまで一部の研究を続けていた。そういう研究者という意味では、原子爆弾の完成は「偉大な発明」「原子物理学の学理の結晶」というふうに思考した。被爆者として実験台に乗せられながらも、いっぽうではこの状況を観察できるという研究心も起こっていた。〈私たちはやられたという悲嘆、憤慨、無念の胸の底から、新たなる真理探究の本能が胎動を始めたのを覚えた。勃然として新鮮なる興味が荒涼たる原子野に沸き上がる。〉と、永井は『長崎の鐘』で表現している。

10日の夜、永井らは附属薬学専門部の防空壕で清木教授らと一緒に寝た。

第2章

妻の死を乗り越え
三ツ山救護所開設へ

医療隊隊長として

原爆投下直後から3日間、永井隆は長崎医科大学物理的療法科の第十一医療隊隊長として、附属医院で懸命に被爆者の救護・治療に当たった。体調の異常を訴える被爆者の声を直接聞き、いわゆる「原爆症」の症状を冷静に観察している。全身倦怠、頭痛、悪心《おしん》、嘔吐、めまい、脱力……。永井自身の体調の変化についても、〈まるで忘年会に底抜け騒ぎをした翌朝の二日酔いみたいな不愉快な状態である。酒をのまぬ人にこの気持ちがわからぬのなら、船酔いのときを思い出してもらえばよい。〉（『長崎の鐘』参照）と表現している。この症状について、永井自身はガスや爆風の影響ではなくガンマ線の作用だと判断していた。また、中性子による障害も起こると予測した。

造船所や兵器工場が集中し、軍事上の重要な拠点であった長崎市では、県や市の衛生課、医師会、警察などがあらかじめ計画し、空襲被害などにそなえて救護や医療の体制の整備がなされていた。被爆当時市内22カ所に救護所が設けられ、３２７名の救護専門員が配置された。とりわけ長崎医科大学附属医院と三菱病院は医療施設の重要拠点という位置付けであった。ゆえに、附属医院の被害は大きな痛手であった。それでも永井ら生き残った医師や看護職員は、懸命に被爆者の救護に当たっていた。

8月9日の夕方頃から、日本赤十字病院の診療車やトラックに分乗し、市外の海軍病院などから救護隊が次々に到着した。佐世保海軍病院諫早分院、大村海軍病院救護隊、国立小浜診療所救護班、針尾海兵団救護隊などである。夜になると、県下約40の町村から各警防団を中心に組織された救護隊が被爆地入りした。

原爆が投下された同時刻、定刻より約15分遅れで長崎駅に向かう列車が長与駅に到着していた。この列車は爆心地より約1・4キロメートルの地点まで近づき、負傷者を乗せて午後1時50分に諫早方面へ発車した。以後、負傷者を市外の救護所や病院へ搬送する救援列車になったのである。9日当日には4本の救護列車が運行され、負傷者約3、500人が諫早、大村、川棚、早岐方面に搬送されている。

8月11日早朝、永井ら医療隊は附属医院の入院患者や外来患者の負傷者を病院玄関前に設置された陸軍病院救護所に搬送する。倒れた木や焼けた建物を越えて運ぶので、約400メートルの道のりに1時間もかかった。搬送作業は昼までに一段落し、医療隊の学内救護活動はひと息ついた。医科大関係の負傷者はそこから軍のトラックで他の病院へ搬送されることになったのである。

『長崎の鐘』によれば、この日の午後、永井らは山下看護婦ら5人の葬《とむら》いを行っている。『原子爆弾救護報告』には、〈大柳の家族が来てこれに違いないと言った。大柳はすぐに火葬して遺骨を家族に渡した。四人は薬専付近までもち上げて仮埋葬をした。葬式をしながら、何辺も防空壕に待避せねばならなかった。土をかぶせる時皆声をあげて泣いた。ここに戦友五名を失う。〉という内容の永井の記述がある。

久松婦長の「私の被爆体験―永遠の平和を願って―」には、次のように記されている。

〈生き残った者の責任として、遺骨だけはどんなことがあってもご遺族にお届けしなければ申し訳がありません。途方に暮れながらも先生の指示でいろいろ試みましたが、結局焼くことになりました。五人を別々にして散らばる木切れ、藁などを集めて積み重ね私は震える手で火をつけました。危うく失神しそうになる自分に「戦争だ」「戦争だ」と何度も言い聞かせましたが、溢れ出る涙をどうすることもできませんでした。〉（「私の被爆体験―永遠の平和を願って―」）

永井は板切れに鉛筆で亡くなった同僚達の墓標を記して立てた。その頃から学内に学生や看護婦の家族や親類らが駆けつけ、身内の名前を呼びながら、大学の教室や附属医院の焼け跡を捜し回った。永井ももらい泣きをしながら一緒に捜し回った。久松婦長はその後看護婦5人の遺骨を拾い、氏名をつけて非常袋に納めていたが、その遺骨は安否の確認に来た遺族に渡すことができたという。

清木教授の手記「きのこ雲の下で」には、この日の永井について、〈それから病院へ引返えして見ると永井さんがボイラ室の横で素焼の鉢を拾っている、そのわけを聞くと運動場の諸畑に行っていて被爆した看護婦や自宅でなくなった奥さんの骨を入れるのだと答えた。ここで永井さんの家族の一部の疎開地三山での再会を約して別れた。〉と記されている。

長崎に投下された一発の原子爆弾は、結局、長崎医科大学の角尾晋学長をはじめ890名を超える教職員・学生の尊い命を奪い去った。当時の医科大学正門の門柱は爆風により約10度傾き最大9センチメートルずれた状態で現在も保存されている。その右側の碑文には、〈1945年8月9日、よく晴れし日の午前11時2分、世界第二発目の原子爆弾により、一瞬にして、わが師、わが友、850有余名が死に果てし長崎医科大学の正門門柱にして、被爆当時のままの状態を生々しく此処に見る　昭和30年8月9日（1955年）　誌之《これをしるす》〉と刻まれ、黒い石柱には、〈原爆の爆風の物すごさを今尚ここに見る〉と記されている。

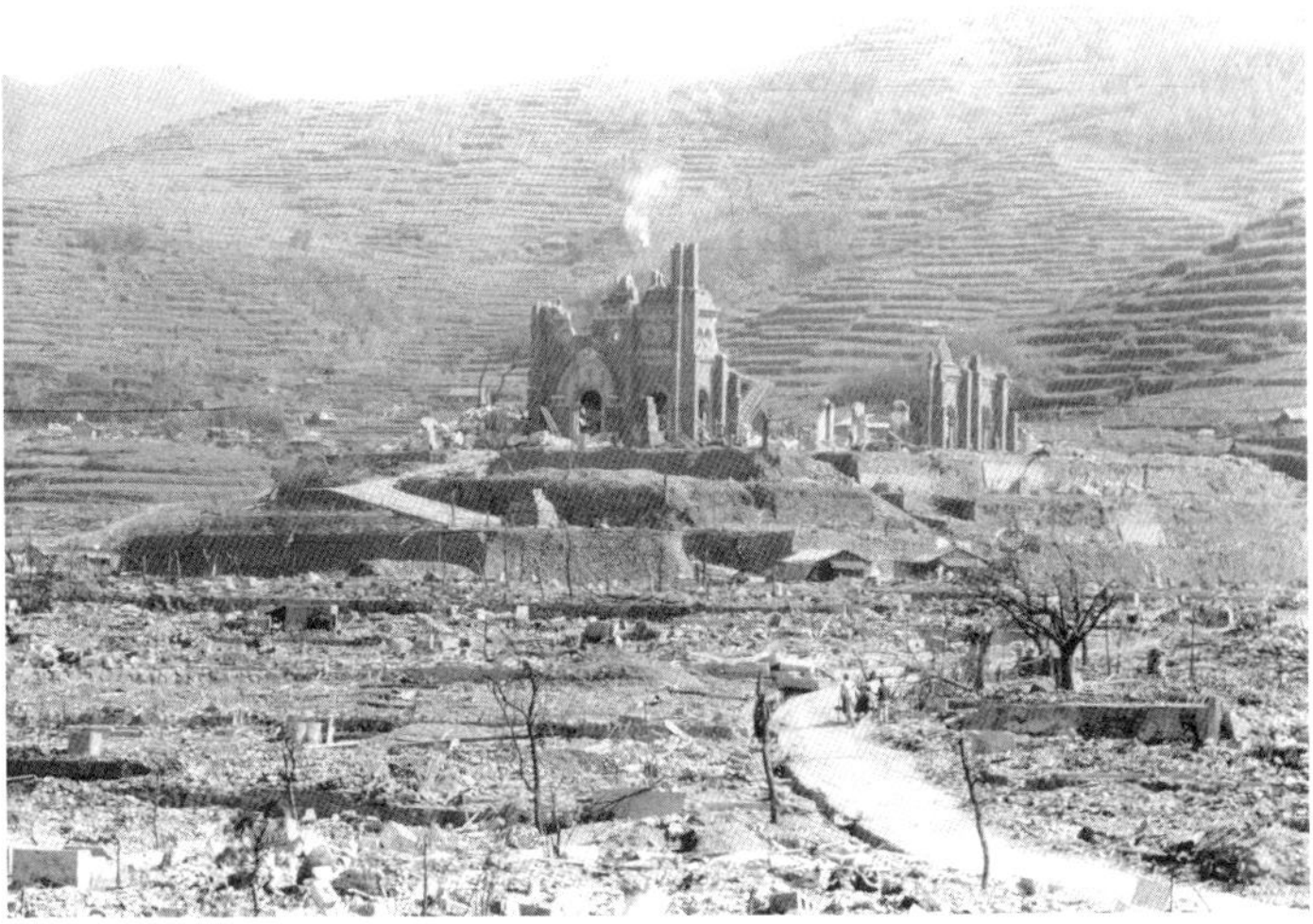

廃墟と化した山里町北部地区と倒壊した浦上天主堂
（長崎原爆資料館蔵　林重男氏撮影）

長崎医科大学の裏山のぐびろが丘にも現在慰霊碑があり、その台座の裏側には永井隆の、〈傷つける友をさがして火の中へ　飛び入りしまま帰らざりけり〉という悲しい句が刻まれている。ぐびろが丘は被爆・負傷した多くの学生や教職員が避難し、次々に倒れ亡くなっていった場所である。

妻緑の死

医科大学内の救護作業が一段落して、原爆投下から3日目の夕方、永井は上野町の自宅に帰った。その日は、三ツ山に第十一医療隊の救護所を設置するために、物理的療法科の医療隊と

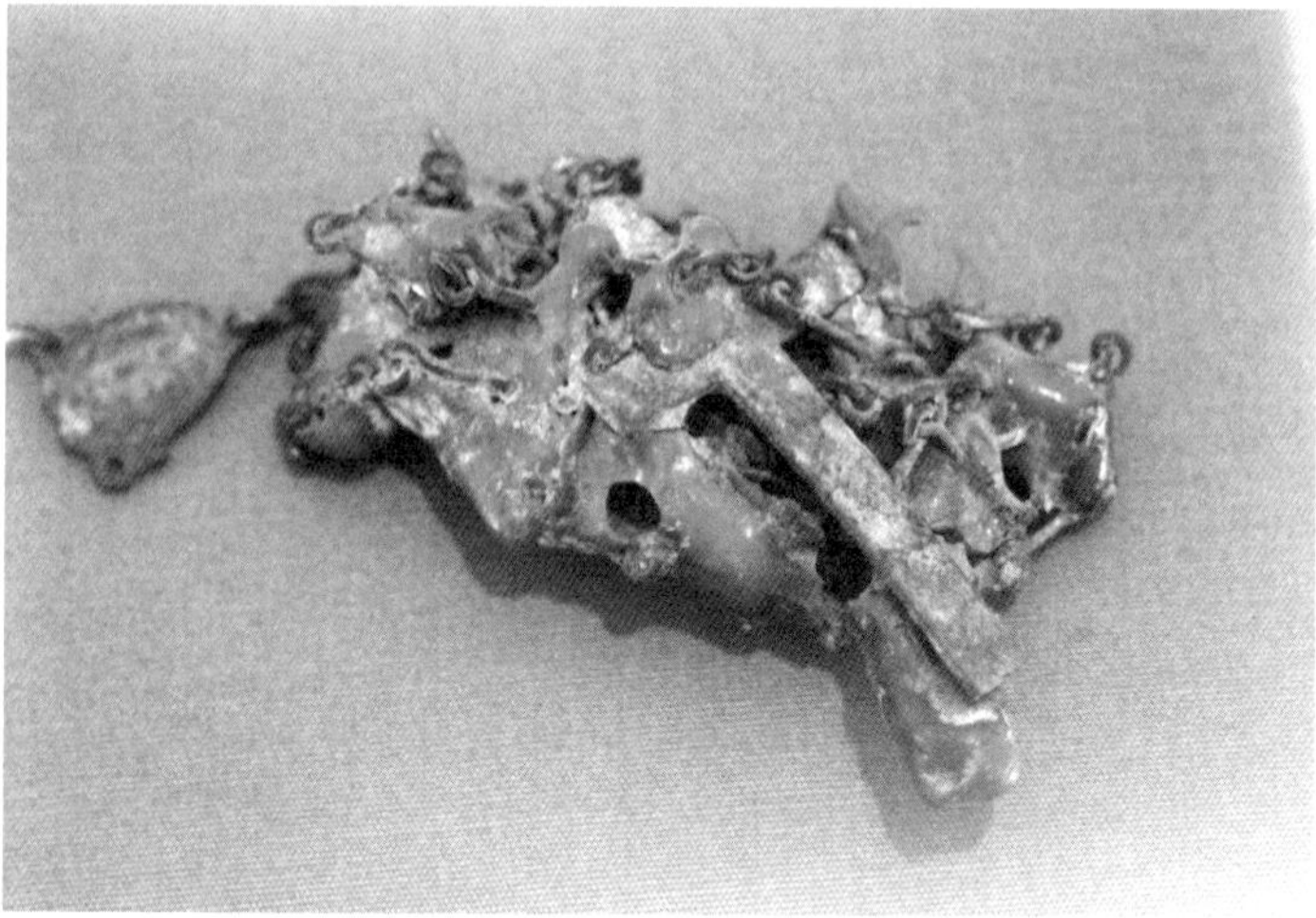

緑夫人の焼けただれたロザリオ（長崎市永井隆記念館蔵）

ともに上野町へと向かっている。

浦上は一面瓦礫と灰の荒野となり果て、上野町にたどり着くと自宅も倒壊し燃え尽きていた。永井は妻の骨を捜した。すぐに自宅の台所跡から緑の骨の黒い塊を見つけた。その変わり果てた塊のそばに、緑が肌身離さず持っていたロザリオが焼け残っていた。緑の遺骨を焼けて曲がったバケツに拾って入れた。骨にはまだ温もりがあった。永井はバケツを胸に抱いて、幼くして亡くなった娘2人が眠る赤城墓地に向かって歩き出した。その時の気持ちを、〈私の骨を近いうちに妻が抱いてゆく予定であったのに――運命はわからぬものだ。〉と、『ロザリオの鎖』で吐露している。

バケツの中の骨は「カサカサ」と音がした。その音はまるで永井に向かって「ごめんね、ごめんね」と緑が言っているように聞えたという。妻永井緑、享年38だった。久松婦長の手記「原爆受難記」には、当日の記憶が次のように記されている。

〈途中上野町の永井先生宅へ立ち寄った。皆で案じていた夫人は台所の傍で焼け死んでおられた。と申すより生きながら火葬されていた。真黒く焼けただれた土の上に、ひざまづいた格好で、骨だけが黄色く転がっていた。「やっぱり僕の直感通りだった」と低くつぶやいた先生は、一人で黒焦げのバケツにお骨を一つずつ丁寧に拾って入れられた。どんなにか夫人の安否を気遣って居られた事でしょうに。今日迄、只管、負傷者の救護に当られた先生。私達が夫人の安否を気遣って口に出しても、「あれはきっと死んでますよ。生きていれば、どんな困難を冒してもきっと僕を探しにくる筈です」と

永井隆が描いた緑夫人の絵
（長崎市永井隆記念館蔵）

答えられるだけだった。〉（「原爆受難記」）

原爆投下前日の8月8日の朝、緑はいつものように永井と食事をして、三ツ山木場《みつやまこば》の一軒家に母と疎開させた2人の子どものことを話し合い、笑顔で夫の出勤を見送った。ところが、お弁当を忘れたことに気づいた永井は家に引き返すことにした。すると、思いがけず玄関先で肩をふるわせ泣き伏している妻の姿を見ることになる。普段は畑を耕し、庭で麦を脱穀し、家族のために衣類を縫い、町内の防空壕を掘り、気丈に働いていた緑。余命3年と宣告された夫の病のこと、家のこと、子どもの将来など、押さえ込んでいた不安と感情が一気に溢れ出たのであろうか。その日の夜永井は防空当番の夜勤で病院に泊まったため、8日の朝が妻緑との永遠の別れとなったのである。『いとし子よ』の「母の祈り」の項で、永井は2人の子どもに向かって次のように記している。

〈そなたたち二人は、そんなふうで、いつもお母さんの頭の中にあった。

八月九日、それはそなたたちのお母さんの命日である。お母さんはこの家の下敷きになり、そなたたちの成人に備えて蓄えていた、いろいろの物と共に燃えていったが、その息の切れる最後まで思い続けていたのは、誠一のことであり、カヤノのことであったにちがいない……。

そして、いま天国にあっても、そのままそなたたち二人の上を思っているにちがいない。……〉（『いとし子よ』参照）

なお、附属病院専門部の保野正之助教授（病理）は当時永井宅に下宿しており、同じく原爆によって永井宅で亡くなっている。

三ツ山救護所を開設

永井を隊長とする第十一医療隊は、被爆から3日間、長崎医科大学構内やその周辺で被爆者の救護、収容、搬出作業などを精力的に行った。

『長崎の鐘』によると、8月12日早朝、引き続き救護活動をすることになり、医療隊は三ツ山に救護所を設置するため浦上を出発した。負傷者は（被害の少ない）山に避難するだろうという永井の判断もあって、義母ツモとわが子2人を疎開させていた三ツ山木場藤の尾の一軒家（2階建ての借家）に向かったのである。

当時21歳だった久松婦長の回想では、隊員はわずかばかりの医薬品を入れた雑嚢《ざつのう》や買物かごを下げ下駄とわら草履で歩いた。一行は、9日に投下された爆弾が原子爆弾と分かってから、爆音がするたびに永井の「絶対に動いてはならぬ！」という指示でその場にさっと隠れたり身を伏せたりしながら進んで行ったという。

昼頃、永井は誠一《まこと》（当時10歳）と茅乃《かやの》（当時3歳）と再会した。『ロザリオの鎖』によれば、誠一と茅乃は土間で蝉を捕まえて遊んでいた。そこへ三角巾で頭を包み血だらけで現れた父親の姿を見て、2人は後ずさりした。変わり果てた父の姿に驚いたのだろうか、誠一の手から蝉が離れ飛び去った。永井はこの時ほど親子の絆を強く感じたことはなかったと回想している。

なお、この永井親子の三ツ山木場での再会の場面について、経験したことない未曾有の出来事と混乱の最中だったためか、体験した年齢もあるのか、それぞれの記憶が異なっている。

永井誠一著『永井隆　長崎の原爆に直撃された放射線専門医師』には、誠一は祖母ツモに連れられて原爆投下4日目に浦上に行ったとし、父隆との再会の日付は被爆5日後の午後のこと。まず誠一が父の姿を見つけて安堵して歓喜し、父に向かって突進して、しばらく一緒に歩いた。それから祖母ツモと妹茅乃に知らせに走った、という記述になっている。

筒井茅乃著『娘よ、ここが長崎です』では、医療隊一行は12日の夕方に着いて父隆と再会したことになっており、隆の安否を心配して山を下りて浦上方面へ向かっていた祖母ツモと父隆が途中で出会い、一緒にやって来たと回想されている。ツモは10日と11日に浦上の上野町の家に向かい、11日の夕方、娘緑の遺骨を拾いアルマイトの弁当箱に入れて戻って来たとも記されている。永井の医療隊一行とツモは上野町で入れ違いになったのだろうか。

本書の時系列は永井隆の著書『長崎の鐘』の記述に従う。

同じ12日、長崎市三ツ山町藤の尾の借家に長崎医科大学第十一医療隊（12人編成）を再編し救護所を設置。永井は隊長として巡回診療という方法で周辺の被爆者達の救護に当たることにした。永井隊長以下治療に当たった隊員全員が被爆者であり、負傷者でもあったが、体調不良のなか、懸命に医療活動を行ったのである。

三ツ山は長崎市の北東に位置する美しい三連峯で、谷裏に昔から火傷に効くという鉱泉が湧き出ていて、「木場六枚板の湯」と呼ばれていたという。25年前の大正期に、長崎医学専門学校（現在の長崎大学医学部）の教授でアララギ派の歌人であった斉藤茂吉も湯治した場所である。茂吉の歌集『あらたま』は、そこの湯宿で原稿をまとめたとされている。六枚板をおびただしい熱傷患者の収容には適する場所だとの判断もあり、永井は木場郷藤の尾の借家を本部として借りて、救護所を開設したのであった。

原爆で負傷した永井隆。
懸命に救護活動を行った
（長崎市永井隆記念館蔵）

医療隊一同はまず三ツ山の渓流に浸り身体を洗った。男子は上流で、女子は下流で水浴びをした。タオルと手ぬぐいはツモと誠一が用意したという。その時、永井は濡れた身体を拭きながら右上半身に無数のガラス傷があることに気づき、初めて痛みを覚えている。隊員達は皆久しぶりの笑顔を見せ、気持ちよさそうに水浴びをした。附属薬学専門部の清木教授の手記「きのこ雲の下で」によれば、清木教授も12日に再会を約束した三ツ山から下山途中に永井ら一行と出会い、全員谷川で身体を洗ったとしている。

周辺の民家には原爆による多くの負傷者が収容されていた。医療隊はその日の夕方

（午後4時頃）から巡回診療、戸別訪問を始めた。篤農家《とくのうか》の高見宅に行ってみると、屋内外に100人以上の負傷者がいた。負傷者のために張ってあった蚊帳《かや》の中には、私立純心高等女学校の江角ヤス校長ら多数の人々が寝ていた。

その時はまだ負傷者に対して満足できる処置が施されていない状態だったので、ひとりの治療に時間がかかった。医療隊は、患者の傷を洗い、ガラス片など異物を取り除き、縫い合わせ、薬をつけて包帯を巻いた。患者の中には、顔や胸や腕など熱傷で皮膚がべろりとはげている者、顔の腫れ上がっている者などがいた。巡回診療は夜遅く（午後10時頃）まで続けられた。

翌13日。朝6時から六枚板地区の巡回診療を始めた。その日医療隊は周辺四地区を回る予定にしていた。午前10時頃に六枚板地区の巡回治療が一段落すると、地区の篤農家である松下宅で朝食を提供されている。畳の上で白い湯気の立つご飯を食べながら永井は涙を流した。午後になっても、頭に包帯を巻き、杖をついて、看護婦に背中やお尻を押してもらいながら、永井はふらつく身体で地区から地区へと歩き回った。結局、その日の巡回治療が終了したのは午後10時頃であった。遅い夕食を取りながら、永井は同僚らと原子爆弾の人体的影響について活発な議論を交わしている。

救護活動の期間中、隊員達が持参した医薬品がすぐに底をつくので、交替で係を決めて何度も医科大学の焼け跡にさがしに行った。男子隊員は医薬品や食料補給のために市役所や県庁まで歩いて往復していたという。

次の日も医療隊は複数の地区を回ったが、治療を終えた夕刻の帰り道に永井の右足が痙攣し、路上に倒れた。同僚達のマッサージを受け、肩を借り、背に負ぶさって、永井はようやく救護所に戻っている。

終戦

原爆投下から6日目の8月15日、医療隊は三ツ山で終戦の日を迎えた。この日で太平洋戦争は終わった。食料補給のために大学本部へ出かけていた隊員が夕方戻って来て、「ラジオで陛下の玉音放送があり、日本がポツダム宣言を全面受諾して、無条件降伏し、市内は大混乱に陥っている」ことを伝えた。敗戦を知った永井の第一声は、「うそだろう」だった。『長崎の鐘』には、その日の夕食について、〈腹は空いていたがうまくない。〉と記されている。

15日の玉音放送を聞いた長崎市民や在郷軍人らも混乱した。長崎市役所発行の『市

制百年　長崎年表』によると、長崎市防衛本部に憲兵３名が乗り込み、岡田寿吉長崎市長に「玉音放送はデマであると町内会長を通じて市民に徹底させろ」と迫ったが、市長は拒否。在郷軍人会は伊吹元五郎陸軍大佐を先頭に、10頭あまりの騎馬隊と在郷軍人約１００人と長崎経専（現在の長崎大学経済学部）のブラスバンドを編成して市中を行進。「戦争はこれからだ。ラジオ（玉音）放送はデマだ」と書かれたビフをまいている。また、県警備隊の隊員20数名が本土決戦に備えて佐賀県境の多良岳に一時立てこもるという騒ぎも起こっている。

終戦の翌朝、足の傷の化膿が原因で発熱し、永井はめまいを覚え、そのため巡回治療を休むことにした。その日、日本の敗戦を伝える新聞記事を前にして、永井は20分、30分と声を出して子どものように泣き続けたという。

危篤状態からの奇跡的回復

戦争は終わったが、８月17日以降も、第十一医療隊の巡回治療活動は継続された。しかし、隊員達の敗戦のショックは大きく憤りも苦悩も無力感もあった。永井自身も無気力になりかけ、患者からの往診依頼をいったん冷たく断ったくらいだった。だが、

〈一人の尊い生命こそ助けねばならぬ。〉〈この一人の生命を救う者は我のほかにあらず〉（『長崎の鐘』参照）と思い直し、医師としての使命感で心機一転医療活動を続けたという。

8月20日前後に、永井は島根県飯石村多久和の実家に一通のハガキを出している。『三刀屋町如己の会会報』第4号によれば、これが長崎原爆について永井より発信された故郷への第一報であった。宛名は嫁ぎ先の京都から戦時疎開していた実妹の安田サワ子となっている。その内容は、原爆によって長崎の家は全壊全焼し自分も負傷したこと、妻緑や伯母が亡くなったこと、従姉妹や義母や2人の子どもは助かったこと、中国に出征中のサワ子の夫で義弟の安田次郎の無事を祈っていること、などが簡素に記されている。このハガキが届くとサワ子の手配で安田三郎（次郎の実弟）と松田文子（当時太田市川合在住の隆の実妹）が長崎に急行し、しばらく焼け跡の長崎に滞在して、『原子爆弾救護報告書』の口述筆記やバラック造りなど永井の身辺を助けたという。報告書のほとんどは鉛筆書きであったが、筆跡が一種類でないのはそのためであろう。

この頃から、一見元気そうに見えた負傷者や避難して来た人々の間にも、いわゆる「原子病」の症状が表面化してきた。隊員達もまた被爆者であった。白血球が半分に減る者（施副手）、髪の毛が抜ける者（久松婦長）、皮下溢血斑《ひかいっけつはん》が出る者（森内百合枝技手）など、原子病の症状は徐々に現れてきた。

そこで、永井は医療隊の医師や看護婦をいったん帰宅させることにし、永井一家だけが三ツ山に残った。

9月8日、救護活動の疲労と白血病の悪化が原因で、ついに永井は倒れ起き上がれなくなった。高熱が続き、身体は腫れた。9月20日、右側頸動脈が再び切れて出血が止まらなくなり、（被爆以前から患っていた）白血病の症状と救護活動の過度の疲労が重なり、永井は失神。一時危篤状態に陥り、駆けつけた同僚の施副手や久松婦長らが懸命の処置を数日間続けた。

だが、容態は改善せずいよいよ危ないということで、カトリック三ツ山教会の田川如安神父が枕元に呼ばれた。永井は神父に総告解をして終油の秘跡を授かった。『長崎の鐘』によれば、最後の昏睡であろうと思われる状態に陥る前に、〈光りつつ　秋雲高く　消えにけり〉と辞世の句を詠んだという。

枕元では義母ツモと誠一と茅乃が必死に看病し、回復を願い懸命に神に祈った。ツモは本河内のルルドの水を永井の唇に注いだ。虚ろな意識のなかで、「すべてを神様に任せます」と永井は祈った。不思議なことに、それからしばらくして永井の出血は止まり、昼夜懸命に手当をしていた冨田医師や森田看護婦が驚くほどの奇跡的な回復ぶりを見せた。永井が危篤状態に陥ってから一週間後のことである。

この時のようすは『如己堂随筆』の「ルルドの奇跡」の項に、〈まさに血はぴったりと止まったのであった。二人の医師と、本人の私を加えて三名の医師が、専門家の知恵の限りを尽してでも止めることができず、まさに臨終の迫っていた時にルルドのお水をいただくことによって、ぴったりと出血が止まったのである。そうしてそのまま何の手当もしないのに、血は出ず創がどんどんなおってしまって、瘢痕《はんこん》もほとんどわからぬくらいの小さなものを残したにすぎない。〉と書き綴られている。

その後、永井は長期休養が必要となり、医療隊員も体調不良者が出始めたので、医療隊は解散し、救護所は閉鎖された。

永井は第十一医療隊隊長として解散した10月8日までの58日間、懸命に被爆者治療に当たっている。『長崎の鐘』によると、その間原爆症患者の経過を観察し、鉱泉療法、薬物療法、自家血液刺激療法、栄養食としての肝臓野菜食療法などを試みた。自家血液刺激療法とは自分の血を採り、クエン酸ソーダに混ぜて臀部《でんぶ》に打つ療法のこと。実施したのは東京で小児科医をしていた施焜山副手だった。また、危篤状態に陥った患者に最後の酒を十分に飲ませると、不思議にも回復したという実例もあったという。この記録は『原子爆弾救護報告』にまとめられ、後日、永井によって長崎医科大学学長宛に提出された。それは長崎原爆に関する最初の学術報告書であった。

三ツ山救護所での58日の間に、治療を受けた患者は125人であった。内訳は、回復した人79人、軽い症状の人10人、死亡した人29人、他の救護所へ移った人7人となっている。永井隊長以下隊員全員が被爆者であったが、医療器具や薬品などが不足する劣悪の環境のなかで、三ツ山救護所の第十一医療隊は懸命に救護活動を行ったのである。

現在、三ツ山の救護所があった跡には（永井隆没後40周年に建てられた）第十一医療隊救護所跡の記念碑が建てられている。

『原子爆弾救護報告』

第3章

生い立ち

永井隆の誕生

1908年（明治41）2月3日、永井隆は島根県松江市苧町《おまち》の田野産婦人科医院の木造の代診部屋で誕生した。父の名は永井寛《のぶる》、母はツネ。父寛は田野産婦人科医院の代診医を務めていた。

この年、ニューヨークでは女性労働者が婦人参政権を求めてデモを行い、第4回夏季オリンピックがロンドンで開催された。国内では、日本初の美人コンテストが開かれ、日米野球の交流戦が始まり、短歌雑誌『阿羅々木（アララギ）』が創刊された。そういう時代に隆は産声をあげたのである。

永井家の先祖は松江藩の武士で、家紋は一文字に三ツ星。医者の家系で、祖父文隆《ふみたか》は島根県出雲地方（上山村《うえやま》）の漢方医だった。子どもの頃の寛は手のつけられない腕白で、小学校は次々に退学になり、家で雇った家庭教師は逃げ出す始末で、文隆も匙《さじ》を投げ息子の教育をあきらめるほどだったという。

以後、寛は文隆から与えられた畑で農作業をするように命じられている。だが、20歳の時に医学を志して突然故郷上山を飛び出し、心機一転、田野医院の玄関番や書生をしながら猛勉強を重ね、25歳で医師の国家試験に見事合格した。それから代診医となり、しばらくして安田《やすだ》ツネと結婚。ツネは祖父が松江藩の足軽大将だった家に生まれた女性であった。夫婦は田野医院の2階に住み始め、2年後に長男隆が生まれたのである。

ツネが産気づいた時、寛は往診に出て不在だったので、田野熊一《たのくまいち》医師が立ち会った。しかしこのお産は難産だった。隆の頭が大き過ぎて母体から出てこられない状態が続き、初産のツネは苦痛に顔をゆがめた。

田野医師は、「早く器具で取り出さないとあなたの命も危ない」とツネに伝え、手術の準備に入った。しかし、ツネは、「ちょっと待ってください。夫が帰って来きてから決めさせてください」と懇願し、器具を使うことを承知しなかった。医学の心得があった彼女は器具を使用すれば胎児《たいじ》を死なせてしまう確率が高くなることを知っていたのである。

それでも田野医師は、母体の命を救おうと何度かツネを説得したが、彼女が頑固に首を縦に振らないので、とうとう手術をあきらめ立腹して代診部屋から退出してしまったという。

ツネは痛みに耐え、その後長い時間苦しんだ末にようやく隆を生んだ。隆は産声をあげることなく生まれた。

それまでの経緯を何も知らない寛は、往診から帰って来た時、「おぎゃあ」という長男の泣き声を玄関先で聞いたという。

難産の末に生まれた長男の名前は、祖父文隆の一字をとり隆と名づけられた。

父母の思い出

隆が生まれた翌年、寛は島根県飯石郡《いいしぐん》飯石村（現在の雲南市《うんなんし》三刀屋町《みとやちょう》）から招かれて開業医となった。両親と隆は2台の人力車に揺られて飯石村多久和《たくわ》に到着した。

当時無医村だった飯石村は、家の庭にイノシシが出没するような山深い場所にあった。村で買い取った木造茅葺《かやぶ》き屋根の一軒家の土間を改装して診療室、薬局、待合室がつくられ、表には「養生堂永井医院」という看板が掲げられた。後に末の妹や弟が生まれた頃には、当時の三刀屋中町にも永井医院の出張所が置かれたという。

飯石村では、ツネの母乳が不足したため、短い期間だが隆のために近所の女性から母乳を分けてもらうことになった。以後、その女性を永井家の小宴に招いたり、隆が

島根県雲南市三刀屋町（当時飯石郡飯石村）永井隆の実家（長崎市永井隆記念館蔵）

女性宅を訪れたり、永井家や隆と女性の交流は続いたという。お世話になった乳母への恩を、隆は生涯忘れることはなかったのである。

母ツネは家事をこなしながら医学や薬学やドイツ語を独学で学び、夫の代診として仕事を助けた。村の文化振興にも夫婦で貢献した。医院は近所の人々から「永井医院」ではなく「永井」と呼ばれた。口ひげを生やし風格のあった寛のことは「先生」ではなく「だんさん」、ツネは「奥さん」と呼ばれていたという。村の人々からすると、永井家はさながら〝山の手の文化サロン〟のような雰囲気の場所で、訪問客も多く、優雅で都会的な暮らしぶりに見えたのであろう。寛は隣町の写真館から人を呼び、当時まだ高価だった家族写真をたびたび撮らせている。

若き日の父母の仲睦《なかむつ》まじい思い出を、隆はこう回想している。

〈二人はいつもいっしょに往診したり、医学書を勉強したり、三味線をひいて歌ったり、川へあゆをとりに行ったり、山登りをしたり、乗馬の手入れをしたりしていた。〉（『ロザリオの鎖』参照）

隆の一番古い記憶は、人力車の上で母に抱かれている思い出だった。小学校に上がる前の隆は、村の大人の集まりで「大高源吾《おおたかげんご》のささ売り」などの浪花節《なにわぶし》をうなり、アンコールで安来節《やすぎぶし》を歌うような演芸好きの器用な子どもであった。

母ツネはいつも明るく笑い優しかったが、隆を筆頭に5人の子ども達への躾《しつけ》は厳しかった。子ども達のわがままと生意気な態度については徹底的にたしなめた。隆が5歳くらいの頃、ツネは生意気な口答えをした隆の服を脱がせて真っ裸にして、外の雪の中へ放り出したこともあったという。

〈わがままで、きかん坊で、そのくせ泣き虫だった私を、素直な強い子にするために、母はさぞかし心を砕いていたのだろうと、これまたこのごろしきりに思わ

れる。〉（『ロザリオの鎖』参照）

しかし、幼い隆に向かって両親は一度も「勉強しなさい」と言ったことはなかった。〈私は父と母とが毎夜いかにも楽しそうに勉強しているのを見て、勉強は楽しいものだなと思った。山ばとの鳴く夜、ランプの下で、一冊の医書を中に向かい合って静かに勉強していた若い父母だった。〉（『ロザリオの鎖』参照）

こうして、両親の深い愛情の中で、永井家の長男として幼い隆は育っていったのである。

永井家の奥座敷には寛によって「以愛接人《いあいせつじん》」という扁額《へんがく》が掲げられた。愛の心を持って人に接するという意味合いだろう。寛は豪放磊落《ごうほうらいらく》な性格で、酒を好み、慈悲深く、永井家には若者や村人がよく集まっていたという。

『いとし子』によれば、寛は医師の仕事をとても大事にする人だった。夜中に急患が家を訪ねて来ると、表の戸を叩く音を聞いて真っ先に目覚めるのが父であった。祝いの宴席で酔っぱらっていてもヨロヨロしながら往診に出かけた。翌朝、往診に行ったことさえ覚えていないこともあったが、そんな状態であっても医師として処置は適切に施していたという。

往診には人力車のほかに馬を使うこともあった。ある時、寛は馬に乗って急患の往診に出かけたが、谷底に転げ落ち、村人に助けられ背負われて患者のところまで行き、患者の診療を済ませて、担架に乗せられて自宅に帰って来たことがあった。その際に夫の顔の傷の手当を気丈にかつ手際よく行ったのはツネであった。

隆の実家の前を少し下るとハヤやコイが泳ぎ、ツガニ、サワガニ、メダカなどの生息する小川が流れていた。寛は川魚が大好物であった。もの心ついた頃から隆や一家はこの川でよく遊んだ。夏になると川で裸になって泳いだ。川岸にはネコヤナギが乱れ育ち、女竹《めだけ》のやぶの中にヤブカンゾウが生えていて、夏になるとオレンジの花を咲かせた。ヤブカンゾウの若葉のおひたしはツネの大の好物であった。雪解けの春先になると、隆は母の喜ぶ顔見たさにその若葉をさがし回ったという。

隆自身も「野の草がこんなにおいしいもの」と知ったのはヤブカンゾウが最初だった。『如己堂随筆』では、〈食卓に出されたヤブカンゾウのおひたしは、長い冬ごもりをした私らの目に天地の春を一皿にあつめて盛ったように見えました。〉と回想している。隆が病床についた晩年に、熱が出て食欲がない時に何かおいしいものはないかと考えていると、頭に浮かんでくるのは母が食べさせてくれたヤブカンゾウのおひたしだったのである。

小学校時代

東京に日本初のエスカレーターが登場し、宝塚少女歌劇の第1回公演が行われた1914年（大正3）春、隆は飯石村尋常高等小学校に入学した。

小学校時代の隆は、運動が大の苦手な子どもだった。相撲を取っては投げ飛ばされた。飯石村の方言で「とんこ」と呼ばれた「かけっこ」も遅かった。運動会ではいつもビリから2番目を走った。腕の力も弱く、鉄棒では懸垂《けんすい》も逆上がりもできない。まるで服を洗濯バサミで吊り下げたようにただぶら下がっているだけだった。それでもスポーツ自体は好きで、学校の行き帰りの約4キロの道のりを競歩（ウォーキング）で通したという。

学校の成績はいつも5番目くらい。明るい性格の温和な生徒だった。小学校の授業では算術と読み方と図画が得意科目であったという。そんな小学校時代の隆についたあだ名は「隆盛」だった。同級生の目には、どこかぬぼーっとして大柄で動作がゆっくりしていた隆と上野の西郷隆盛像の姿が重なって見えたのだろう。

10歳の頃の隆は、よく家の外にあった風呂の焚《た》き番をした。雪の日などは焚き口で、家の台所に保存されていた中海産《なかうみ》の赤貝（サルボウガイ）を焼いてこっそり食べていたという。赤貝は炊き込みご飯にしたり煮たりと、松江の正月には欠かせない御馳走《ごちそう》であった。

その頃、永井家の子ども達は近所の子ども達とよく遊んだ。隆達には両親から百人一首が与えられ、近所の子ども達と一緒に興じていたという。遊びの中にもさりげなく文化的教養を身につけさせたいという両親の教育方針があったのだろう。

ツネは、隆ら子ども達にカスリの単衣《ひとえ》を重ねて着せて通学服としていた。その理由は運動するのに便利であり、洗濯するのも簡単であったからだという。

夏休みのある日のこと。隆より7歳年上で近所に住んでいた須山太一郎氏が、ツネに頼まれて子どもらを隣村松笠の竜頭ヶ滝《りゅうずがたき》へ連れて行ったことがあった。その途中でひとりの子どものわら草履が破れ、その子は草履を道ばたに脱ぎ捨てた。それを見た隆は、〈「道に捨てると汚い。田圃《たんぼ》に入れれば肥やしになって、米が一粒でも余計とれる……」〉（『三刀屋如己の会会報』第20号）とたしなめたという。隆らしい機知に富んだエピソードである。

小学校5年生時の隆の印象について、担任だった勝部五左衛門氏の「永井博士の思い出」には次のように書き綴られている。

〈隆さんは何もかも良く出来る子でした。理数はもとより画も書き方も作文も上手で、『この子を残して』の名文はその頃からすでに芽生えていたでしょうか。また一面ごく平凡な所もあり、外見は決して秀才らしくなく、ハキハキ手を挙げて答えるとか、友達を押しのけてリーダーになるとか、不平不満を先生に訴えるようなことはありませんでした。しかし指名すると立派に答えるし答案は立派に出来ています。何時も口元に笑みを含んでいました。茫洋《ぼうよう》として、むしろ他の生徒のする処を見ているようなところもありました。〉（『三刀屋如己の会会報』第19号）

中学校時代

島根県立松江中学校（5年制）に隆が入学したのは、1920年（大正9）春のこと。大日本帝国が国際連盟に正式加盟し、箱根駅伝競争が始まり、国内最初の国勢調査が行われ、アメリカで女性参政権が認められた年だ。

中学入学と同時に、母が生まれ育った松江市雑賀町《さいかまち》での下宿住まいの生活が始まった。小学校は優等の成績で卒業した隆だったが、中学の入学試験では補欠合格の最下位という成績だった。入学してみると、教室の席は成績順になっており、隆の席は端の最前列だったという。補欠入学という肩身の狭い思いで中学生生活が始まったのである。

中学生になっても、隆の運動音痴は相変わらずで、跳び箱を跳び越すことができなかった。その頃、生徒の間でスポンジを丸めた球を使った野球が流行った。だが、隆は野球が苦手だった。思った方向へ球を投げることができなかったからだ。守備もほとんど打球が飛んで来ないライトを守らされた。打撃も空振りばかり。『いとし子よ』には、とうとう〈私は見物専門家になった。〉と自《じ》嘲《ちょう》気味《ぎみ》に綴っている。

中学に入学した隆は、自分の弱虫を克服しようと柔道を習うことにした。隆は強くなりたかった。実は小学校時代にいじめられた経

旧制松江中学校時代の永井隆。母の実家に下宿した（長崎市永井隆記念館蔵）

験があり、村の喧嘩《けんか》好きの友達に一泡吹かせてやろうとの思惑が働いていた。しかし、柔道の稽古で習うのは投げられる受け身ばかりで、投げ飛ばす術は教えてくれなかった。

中学1年の夏休みに入り、隆は村に帰省することになった。ところが、村に入ったところで喧嘩好きの友達数人とばったり会って、ぐるりと取り囲まれてしまう。彼らは一様に日焼けし、野良仕事で体を鍛え、一層たくましくなっていた。その時隆は、また彼らに喧嘩を吹っかけられるものとばかり思い、身構え格闘を覚悟した。しかし、よく見ると友達の顔は皆ニコニコしていた。意外にも「やあ、帰った帰った」と声をかけ、小学校卒業以来久しぶりに会った隆との再会を喜んでいたのだった。それから隆と友達との会話は弾んだという。

このエピソードについて『いとし子よ』には、〈私はしみじみと友だちの愛情を知った。そして、この一学期じゅう、柔道の手でかたきうちをしてやろうと思いつめてきた自分が恥ずかしくなったよ。〉と反省の弁が綴られている。

隆より一級下の内田圭一氏の回想記「永井隆さんを偲ぶ」が『三刀屋如己の会会報』第10号に掲載されている。圭一氏の実家は隆の下宿先の近くの雑賀売豆紀町《さいかめずき》にあった。

２人は一緒に中学校に通ったという。

その内容によれば、隆は年下の圭一氏の朝の日課であった玄関前の掃除を手伝ったりして面倒をよくみた。

ある日の夕方、圭一氏は〈「この山続きの売豆紀神社に呪《のろ》い釘《くぎ》があるから見に行こう」〉と隆に誘われたことがあった。隆は、〈「圭さん、売豆紀神社は女《おなご》の神さんで女の願い事は良く聞いてござれるげな。呪い釘というのは、女が嫌いな男の行動を封ずるため、四角な枠に四本のローソクを立てたものを、髪をおっさばいた（ふりみだした）頭にのせ、人に見つかると効きめがないから真夜中にはだしで風を切ってすさまじい姿で行くそうな。そして憎む男に見たてた藁《わら》人形を作り、その急所に、ローソクの光で五寸釘を打つそうだが効きめのほどは定かではないということだ」〉と説明したそうだが、圭一氏にとっては〈なぜか私の心に深く残った〉出来事であったという。

隆はひょうきん者で暗記が得意な中学生だった。当時の中学生の関心事は、教師の教え方、生徒監《せいとかん》の挙動、上級生の話題など。隆は身ぶり手ぶりでおもしろおかしく国語教師のまねをして圭一氏を笑わせたという。圭一氏の家に隆が遊びに来るとよく五目並べをして遊んだ。几帳面な隆は始めと終わりに必ずふたの裏に書かれた白黒の碁石の数を確認していたと、圭一氏は回想している。

中学時代に隆についたあだ名は「牛」。体が大きく動作が少し鈍く見えたからだろう。しかし隆本人の弁によると、「鈍いくせに負けずぎらい」だった。牛のように歩みは遅くともコツコツ前に進む努力家だったのである。

ある年の夏、隆は冒険小説『宝島』の原書を辞書片手に読破したことがあった。読み終えるまでに夏休み中を費やしたが、次の展開をハラハラしながら読み進めたという。また、ぼんやりした時間をなくし生活にメリハリをつけるためにグラフ式日記帳をつけることもあった。勉強する時間、遊ぶ時間、眠る時間のけじめをつけると、怠惰と思える時間が減り生活は次第に引きしまっていった。「よく学び、よく遊び、それからよく眠れ！」を中学時代のモットーとした。そんなふうにのっしのっしと努力を続けた結果、5年生の頃には成績も一番になり、級長に推薦されるまでになったのである。その頃、昭和天皇（当時は摂政）が松江を訪問した際に、隆は校旗の旗手としてお迎えをしている。

中学時代の興味深いエピソードとして、飛行機飛来のことが『いとし子よ』に紹介されている。隆が中学に入学した年は、ライト兄弟が有人初飛行に成功して17年、日本国内の初飛行から10年あまりが過ぎていた時期だ。その頃、国民が初めて上空の飛行機を見た時代で、飛来する姿を目撃するのは国民的関心事であり「事件」でもあったという。

隆が初めて飛行機を見たのは中学（何年生かは不明）の学期試験の最中で、よく晴れた日だった。松江の上空を通過することは事前に新聞記事で大きく紹介されていた。飛来当日の学園ドラマのワンシーンのような感慨は、『いとし子よ』に次のように記されている。

〈中学校では朝礼のときに校長先生が、生徒に向かって、たとい飛行機が来ても、中学生の本分を守り、騒いで校庭へ飛び出したりなどしてはいけない、飛行士が空から見て、あの中学は規律が乱れていると思うから、と訓示した。

第三時間目が始まって十五分もたっていたろうか、生徒が試験の答案を真剣に書いている最中だった。中学校はひっそりしていた。突然窓の外の空がガーッとうなった。――ソラ来たゾ！　ワーッと教室は総立ちだ。規律も何もあったものではない。監督をしていた先生の姿が真っ先に教室を飛び出していた。生徒は白い答案用紙を机の上に放ったまま、大声を上げて校庭へ飛び出した。

飛んでいた、飛んでいた、青空を、茶色に塗った複葉機が――。

私はあのときの感激を何十年かたった今でも、まざまざと胸の中に呼びかえすことができる。ああそのとき、校長自身が高い段の上に上がっていて、両手を振りながら、アアア、アアアと叫んでいた。〉(『いとし子よ』参照)

正義感の強かった隆の中学時代のあるエピソードが、『ロザリオの鎖』に紹介されている。

3年生の秋の松江の招魂祭《しょうこんさい》の祭りの日のこと。参拝のために生徒達は校門を出て四列縦隊で坂を下っていた。その時雨が降ってきたが、校長から戦死者の英霊の労苦をしのび傘はささないようにと訓示を受けていたので、生徒達はずぶ濡れのまま歩いた。そこへ、傘をさしながら吉川先生と熊野先生が生徒達の横を通り過ぎて行った。その姿を見た隆は、2人の教師の背後から「ウォー」と叫んだ。熊野先生はすぐさま反応して隆を列から引きずり出し、傘を振り上げて打ち据え、叱責した。

この事件は、「神聖な招魂祭の行進中に教師を侮辱した」として、職員会議で隆の退学処分が議論された。いっぽう、生徒側は生徒だけをずぶ濡れにさせて教師が傘をさしていたことに納得せず、熊野先生の弁明を要求し、隆を退学にするならストライキも辞せずと決議した。隆は生徒代表から「絶対に謝罪してならないぞ」と釘をさされた。

結局、この事件は「ウォー」の意味を生徒監の教師に質問された隆が、反抗心や悔しさを隠し、ただの「感嘆詞であります」と答えて、一応決着し退学を免れている。

この事件を契機に、隆は猛勉強を始めた。その理由は、「熊野先生を見おろすほどの教育者になる」という復讐心からだったという。しかしその後、高校・大学と進学し、長崎医科大学を卒業した頃には、熊野先生のことを「山猿根性を目覚めさせてくれた恩人」と感じるようになり、大人へ成長するにつれて過去の怨恨は恩師への感謝の気持ちへと変わっていったのである。

松江高校へ進学

１９２５年（大正14）春、隆は島根県立松江高等学校理科乙類に合格し、全寮制の生活が始まった。この年、国内では東京放送局（後の日本放送協会）のラジオ放送が始まり、治安維持法が公布され、東京六大学リーグ戦が始まり、国鉄山手線の環状運転が開始された。

大正15年の家族写真。左より高校生の隆、父寛、母ツネ、次女サワ子、三女英子、長女文子、次男元（長崎市永井隆記念館蔵）

入学した頃、高校の制服と制帽を両親に見せたいと実家に帰った時のエピソードが『平和塔』に書き綴られている。

国鉄松江駅から汽車で2時間、山越えで2時間、母の好物の松屋のウグイスモチとサクラモチを抱えて、実家にたどり着いたのは薄暗い夕方だったという。実家の玄関先に立つと見知らぬ娘が子ども部屋から出てきて、隆に向かい「誰ですか？」とぶしつけに尋ねた。実は彼女は数日前に看護婦見習いでやって来たばかりの杉野という娘だった。隆をその家の息子とは知らずに電気屋と勘違いした杉野。事情を察知して彼女をからかう隆。そんなユーモア溢れるエピソードが紹介されている。また、母方の伯父の事業の失敗で両親が夫婦喧嘩したこと、「あんたも大人になったんだから」とその大人の事情を寛が説明して聞かせたこと、杉野と2人でシューベルトの『菩提樹（リンデンバウム）』を歌いながら庭の梨の実に袋をかぶせる作業をしたことなども、『平和塔』に記されている。

母のツネの希望を受け、隆は次第に父と同じ医師の道を志すようになり、猛勉強の末に高校を優秀な成績で卒業した。高校時代は弓道の稽古を3年間続けたが、一度も的に当てることができず、やめたという。この頃から趣味として絵のほかに万葉調の歌を作るようになっている。

松江高校時代の隆の印象について、同級生だった鈴木繁徳氏は、〈さして勉強しているようにも見えないのに、また何処といって鋭いという感じもしないくせに、成績は何時もクラス一番の彼、時々無邪気におどけてひとを笑わせる、漫画の上手な彼だった。〉（『三刀屋如己の会会報』第16号「永井隆君との書簡あれこれ（1）」）と回想している。

隆は陰の努力家だったのだろう。

隆の妹英子と女学校の同級生だった錦織文子氏の『三刀屋町如己の会会報』第9号「永井隆先生の思い出」には、高校時代の隆のことがこう紹介されている。

〈私たちの女学校に当時旧制松江高校の学生だった隆氏が妹さん達に用事で来られると皆が大変熱をあげて、授業そっちのけで大さわぎした思い出がある。〉(『三刀屋如己の会会報』第16号)

〈ある時永井家でいつものように遊んで、その後、皆がテーブルにつきライスカレーを御馳走になった時の事だった。食べようとする時に隆氏が、「ライスカレーは好きですか。文子さん食べますか。」と聞かれ、私はまじめな顔で「ハイ、鼻が向いたら食べます。」と言ってしまった。隆氏は隣の席だったので、直にのぞきこんで「ああ、鼻が向いとる、向いとる。食べられる。」と言われて、皆が大笑いした。私は逃げたいほど恥ずかしい気がして、何と失礼なことを言ってしまったと申し訳ない気持ちであった。今でもよく思い出す。〉(『三刀屋如己の会会報』第16号)

隆の高校時代の頃のことは、飯石村の隆の実家の近所に住んでいた須山清子氏も『三刀屋町如己の会会報』第4号の「永井家の思い出その四」で次のように回想している。

〈隆さんは私より十才年上だった。大きな体に大きな頭と顔。それが、いつ見てもやさしい柔和な顔で、怒った顔や機嫌の悪い顔など見た事はなかった。私は子供心にも、永井では隆さんが一番いい顔だと思っていた。又、頓知があり、面白いひょうきんな事を言って皆を笑わせるし、心のやさしい人だと思っていた。

（中略）

隆さんの制服姿は記憶にないが、坊主頭か、高シャッポ姿をよく覚えている。休みで学校から帰郷すると直、近所に挨拶まわり、そうすると皆が、隆さんが帰っとられるぞと、集まって来る。いばる事はしないし、ボスにもならない隆さんは、浴衣姿で皆と話したり遊んだり。又、斗酒をも辞せずの組だったから、鉄かぶとに波々とついだ酒を一気に飲んだというエピソードも残っている程で、にぎやかな宴席も多かった。〉（『三刀屋町如己の会会報』第4号）

須山清子氏の同回想記によれば、当時の飯石村には大昭会という若い人の集まりがあった。その集まりが中心となって、隆が帰省した折に演劇の発表会を開催していた。夏の夜の練習はもっぱら永井家で行われた。世相を風刺した内容の劇が多かったという。だいたい隆が脚本を書き演出し自ら演じた。隆は医者の役が多かったが、女形やモダンガール役もやりたがった。しかし、体が大き過ぎることを理由に周囲が反対し、結局女形は演じさせてもらえなかった。隆は一人芝居も得意で盛んに観客を笑わせた。また、当時の永井家では若者が大勢集まり夜遅くまでチャールストンを踊っていたという。踊って、休んで、飲んで、また踊る……。にぎやかな夜。まだおおらかな時代だった戦前の隆のつかの間の青春像が浮かび上がってくるようなエピソードである。

1928年（昭和3）3月、隆は松江高等学校理科乙類を卒業。同級生で元島根大学教授の酒井勝郎氏の旧制松江高等学校史「嵩のふもとに」の記述によれば、隆の卒業時の成績は2番であった。

大学進学について、当然のことながら同級生は「永井は東京の大学に進学するだろう」と噂し合ったが、当の本人が選んだのは、当時（5年前に）新設されたばかりの長崎医科大学（現在の長崎大学医学部）だった。その頃の長崎医科大学はまだ応募者も少なかった。なぜその時隆が都会ではなく九州の西端の長崎医科大学を選んだのかは、本人が動機を記したものを残していないので、はっきりとは分かっていない。

第4章

医科大生から放射線医師へ

長崎医科大学入学

国内では大相撲のラジオ実況放送が始まり、ニューヨークでテレビの定期放送が始まった1928年（昭和3）の春。永井隆は長崎医科大学に入学した。飯石村の永井家では、近所の人々を招待して高校卒業と大学入学を兼ねたお祝いの宴を盛大に開き、隆を長崎へと送り出した。

母ツネの念願も叶い、父寛のような医師を目指して、長崎での学生生活が始まった。その頃の隆は身長1メートル71センチ、体重70キロと、当時としては大柄で立派な体格の若者に成長していた。前向きでくよくよしない性格の医科大生の誕生である。

長崎市役所発行の『市制百年　長崎年表』の「この年」欄には、〈永井隆、長崎医大に入学〉と紹介されている。隆が住み始めた長崎は、国際貿易港として栄えた異国情緒漂うにぎやかなまちであり、「潜伏キリシタン」や「信徒発見」にも代表されるカトリック信者の住む静かな信仰のまちでもあった。長崎医科大学のキャンパスは、カトリック信者が多く住む浦上にあった。日本の神々の宿る出雲から西洋の神々の宿る長崎へはるばる隆はやって来たのである。

最初の下宿先を隆は長崎市鳴滝に決めた。鳴滝は日本の西洋医学の父とも呼ばれるシーボルトの私塾があった場所であった。隆が松江中学に入学した年に、1年間飯石村尋常高等小学校に赴任し隆の両親と交流のあった金築勇逸氏が、当時桜馬場の長崎県女子師範学校に勤務していた。その関係で、母のツネが依頼し、金築氏と当時女学校2年生の妹が住んでいた鳴滝の家に下宿させてもらうことになったのである。7歳年上の金築氏のことを隆は「兄さん」と呼んでいたという。

金築勇逸氏の「永井隆博士（一）―如己堂訪問記―」（教育誌『渾沌』掲載）には、大学生時代の永井のことが紹介されている。それによると、長崎医科大学への進学はツネが金築氏のところに預けるために勧めたとしている。長崎駅に迎えに行って久しぶりに会った隆の印象を、〈この新大学生はまるで野蛮な大入道のヌー坊だった。〉と、金築氏は振り返っている。翌日の大学の宣誓式の日には、購入したばかりの角帽に焼きイモを山盛りに入れて、隆は下宿に帰ったという。当時の隆はいが栗坊主頭のバンカラ姿で、ウィットを飛ばしたり、罪のないイタズラをしたりして喜んでいる茶目坊主といった印象であった。案外料理も上手でビフテキなども器用に焼き、出雲名物のどじょうすくいの滑稽な身ぶりで周囲を笑わせていたという。

金築氏は、〈しかし、夕食の後などで学問の話をする時は真理探究の歓びと自然の神秘に驚異の瞳を輝かせて別人のような厳粛さを感じさせるのだった。〉、〈いつものんきで朗らかで開けっぱなしで無雑作で、それでいて、とても真面目で、とにかく面白い愉快な男だった。あくまで現実的で楽天的で不幸の影など微塵もないのが学生時代の博士だった。〉とも書き綴っている。

バスケットボールとの出会い

前章でも紹介したように、小さい頃から運動音痴《おんち》の隆ではあったが、スポーツそのものは嫌いでなくむしろ好きだった。大学入学後、すぐにボート部に入部。大男の隆は三番を漕いだが試合では勝てなかったという。

隆のスポーツの試合に対する考え方は、勝つこと競うことに全力を尽くすこと。それにフェアプレーの精神を持つこと、礼を守ることだった。

その頃、新しいスポーツとして若者からバスケットボール（篭球《ろうきゅう》）が脚光を浴び始めていた。そこで、人がやらないうちに始めればきっと一番になれるだろうと思い立ち、隆は同級生の岡本英雄や犬塚衛らと話し合ってチームを作り、新しい部を創設することにした。

『長崎県スポーツ史』㈶長崎県体育協会）によると、当初は大学側に部として認めてもらえず、活動資金もなく、陸上競技部内の活動となったが、幸いにも当時の林郁彦学長が理解のある人で、グラウンドの東側にコートをつくることを許可してくれたという。

隆らは家庭教師などで稼いだ金を出し合ってコートをつくり、バスケットの台も自費で製作し、ボールを買い、指導書を読み合って、練習を開始した。部員全員で鍬《くわ》を持ち庭球部から借りたローラーを引いてコンディションのいいコートをつくり上げた。練習後もコートを整備し道具を大切にした。

隆自身は高校時代にちょっとバスケットボールをかじった程度で、ほとんどの部員も同様だったが、皆練習熱心で、チームはメキメキ力をつけていったという。その後、有力な中国人留学生が加わり、日中混合チームとして戦術は中国式速攻法を採用。上海や杭州の大学へ遠征試合に出かけ、技術を磨いた。海外遠征時は中国人留学生の家族達が宿泊費以外の面倒をみてくれたという。

『長崎県スポーツ史』㈶長崎県体育協会）には、上海で催された歓迎パーティーの際に、隆の発案で練習した「おけさ」をチーム全員で踊ったところ、大ウケで拍手喝采を浴びたことが紹介されている。実はパーティーのために最初ダンスを練習していたが、上達せず、安来節が得意だった隆が考え出した苦肉の策の「おけさ」披露であったという。

当時の日本の大学チームは、じっくり攻め入る遅攻法が主流だったために、隆達のチームの速攻法は功を奏し、一風変わったチームとして国内試合でしばしば勝利をおさめた。現在とは少しルールが違うが、例えれば「走るバスケットボール戦法」でロングパスなども駆使した。

バスケットボール部時代の永井隆
（長崎市永井隆記念館蔵）

その頃、市内の中学校や高等女学校のバスケットボール部の生徒達が医科大のグラウンドに集まって来ていた。隆ら部員が生徒達の指導を買って出ていたので、チームは市内のバスケットボール競技全体のレベルアップにも貢献した。当時の長崎医科大は長崎のバスケットボール界のメッカ的存在であったのである。

隆の中学生に対する指導ぶりはいわゆる熱血指導で、口癖は「コートに涙せよ。そこに勝利の花は咲く」だった。ただし、厳しい練習が終わればユーモアたっぷりの話題をふりまいては皆を笑わせていたという。隆は指導者としても中心的な立場にあり、長崎のバスケットボール界草創期の開拓者であり恩人とも称される存在であった。幼い頃からスポーツが苦手だった隆の意外な一面である。

隆のポジションはガード。大柄な隆は両手を広げて相手に密着して立ちはだかり、ライバルチームから「医大の壁」とあだ名をつけられた。フットワークがよくアンダースローのシュートが得意であったという。

常に頭の中ではフェアプレー精神で試合に臨んだ隆ではあったが、時々相手選手がジャンプできないようにパンツの端をつかむズルもした。試合に熱中するあまりのことだろうが、『いとし子よ』では〈まことに礼にはずれた仕業だ。〉と振り返って反省している。こんな正直なところも隆の持つおおらかな人間的魅力のひとつだったのだろう。

運動神経が鈍い分、隆自身はメモを熱心にとるなど研究熱心で創意工夫を凝らした。

理路整然とした戦略を立てて、県内はもとより九州でも向かうところ敵なしとなり、チームの西日本選手権連覇に貢献した。１９３１年（昭和６）の明治神宮全国大会では3位入賞の輝かしい成績を挙げた。その頃の隆はチームの頭脳といった立場であった。

バスケットボール部時代の隆については、いわゆる「聖人」でなく、磊落《らいらく》で人間臭いエピソードが語り継がれている。飲み会の帰りに当時完成したばかりの橋で部員と一緒に小便をした、中学生のコーチをしていた時休憩中に水筒に入れた酒を飲んでいた、酔っぱらって寝ている時部員に頭をカッパのように刈り上げられるいたずらをされ角帽を被ったまま試合に出場した、学術研究のための採血や採尿に協力してくれた中学生にお礼として皿うどんやちゃんぽんをおごっていたなど。『長崎県スポーツ史』や医科大学の後輩達や当時練習に通った中学生達の記憶によると、バンカラで天真爛漫《てんしんらんまん》で人間味溢れる隆のエピソードが数多く残っている。当時の路面電車の運賃が6銭、ちゃんぽん一杯が15銭、皿うどんが30銭、そういう時代のことである。

大学時代のバスケットボール部の経験は、隆をたくましい青年に成長させた。当時の写真にはチームの中でもひと際体格のいい丸坊主の隆が写っている。『いとし子よ』

には、〈私は大学を卒業するころにはキビキビ体の動くひとかどのスポーツマンとなっていた。これが、あの小学校のころ、いつもビリから二番目でゴールした、ひょろ長キュウリの大きくなったのだとは思えなかった。〉と、少し自慢げに振り返っている。

涙をそそぐもの

隆は県下のバスケットボールの試合の審判を務めることがあった。

医科大学の後輩部員で後に隆の主治医でもあった朝長正充《ともながまさのぶ》氏は、〈審判技術の研究にも極めて熱心で、選手は先生から審判してもらうのを一番喜び、永井式ゼスチュアは、真似手が続出したもので、審判の権威を確立された事はその後の長崎の篭球界の正しい発展に大きな役割を果たしています。〉（「永井隆先生の想い出」）と、隆の審判技術に全幅の信頼を寄せていた。

しかし、そんな隆にも医大生時代に裁いた中学生の試合で悔やまれる誤審の経験があった。

１９３０年（昭和５）に開かれた県中体連で、当時の県立長崎中学校と長崎市立長崎商業学校の間で優勝戦が大村で行われた時のことである。その試合は隆が審判を務めることになった。試合時間の残り1分同点の場面で、長崎中はシュートを決めたが隆の誤審でノーカウント。その直後に長崎商が2点を挙げて勝利した。だが、隆の下したアウト・オブ・バウンズの判定を巡って試合は1時間以上紛糾したという。

その試合の経緯は、12年後に「涙をそそぐもの」というタイトルで旧制長崎中学校のバスケットボール部会誌『篭友会誌第二号』に隆自身が寄稿し、誤審を後悔する名文章とともに有名なエピソードとして残っている。

〈海ぞいの丘に夕陽が赤い。丘の上のコートに笛がなるたびに三千の声が湧く。〉で始まる「涙をそそぐもの」には、試合の最後の場面が次のように描写されている。

〈アウト・オブ・バウンズ。長中のチャンス。あっ、きれいな弧を空高くえがいた長投。わあっと湧く喚声。入った。長中の勝利とみなが信じたとき。その時運命の誤審が起っていたのである。

審判が無意味な「言い違い」をしたのであった。それで今の野投はノーカウント。——腐った長中。よみがえった市高。そこで市高は決勝の二点をあげてしまった。タイムアップ直前自由投一を長中が得たがすでに勝負は決まっていた。

長中の川崎君が自由投線上に球をもって立った。夕陽のあかく染めたコート。

一日の敢闘の足痕乱れたその土の上に川崎君の影がながくのびている。市高の応援団席は優勝の歓喜に燃えて上衣を空になげつつ「万歳」を連唱している。長中の応援団はみんな下をむいてしまった。

川崎君が投げようとして、やめて目をふいた。リングが見えぬらしい。ふいた目から忽ち涙がおちてコートに点々と黒い点をかいた。〉（『篭友会誌第二号』「涙をそそぐもの」）

この誤審の試合を最後に、隆は二度と審判の笛を握らなかった。その後、長崎中学校の戦力強化に力を注いだということである。ちなみに、隆の指導がよかったのか、長崎中学校は翌年の大会から3連覇を成し遂げている。

唯物論の思想を変えた母の急逝

高校時代から隆は「唯物論《ゆいぶつろん》」という思想に傾倒していた。自然科学は真理を完全に把握したと考えていた。隆自身の言葉を借りれば、「とりこになっていた」ということになる。〈時は大正であり世をあげて科学万能を叫び、唯物論を信奉し、宗教などという言葉を口にするのは若者の恥〉（『ロザリオの鎖』参照）であった。彼自身、「人間は物質にすぎない。霊魂《れいこん》はこの世に存在しない」というふうに考えていた。死体解剖や生理学を学んでも、肉体は諸元素から構成されているので、死ねば諸元素に還る訳だから、肉体つまり人間には尊厳性はない、と思っていた。「唯物論」の思想のもと、〈人生は墓までだ。そこへ押し流されるまでを面白おかしく暮らすが勝ちだ。飲め！　歌え！　踊れ！　遊べ！　若き青春の血の冷えぬうちに。〉（『ロザリオの鎖』参照）と、隆は学生時代初期を享楽的に過ごしていたのである。

しかし、大学3年生に上がる春休みに、信じていたその思想を根底からひっくり返すような出来事が起こった。

47歳の母ツネが脳溢血《のういっけつ》で倒れ、母危篤《きとく》の電報が隆のもとへ届いたのだ。すぐに島根の実家の母のもとへ駆けつけた隆。その時の母はまだ息があり、息子の目をじっと見つめたまま息を引き取ったという。この母の目が隆の思想を変えた。

『ロザリオの鎖』にはこう記されている。

〈その母の最後の目は、私の思想をすっかりひっくり返してしまった。私を生み、私を育て、私を愛しつづけた母が、別れにのぞんで無言で私を見つめたその目は、お母さんは死んでも霊魂は隆ちゃんのそばにいついつまでもついているよ、とたしかに言った。霊魂を否定していた私がその目を見たとき、何の疑いもなく母の霊魂はある、その霊魂は肉体を離れ去るが永遠に滅びないのだ、と直感した。〉(『ロザリオの鎖』参照)

パスカルの『パンセ』とキリスト教

大学3年になると、各科の外来患者診療の実習が始まった。学問の対象は死体から生きた人間を相手にすることになった。

その頃、隆はブレーズ・パスカルの『パンセ』を読んでいる。パスカルは17世紀に活躍したフランスの数学者、物理学者、哲学者である。彼の死後に断片的な随想ノートを編纂し刊行された遺著が『パンセ』だった。「人間は考える葦である」という世界的に有名な言葉が『パンセ』には書かれている。

この本で隆は、パスカルが世界的な科学者であると当時に敬虔《けいけん》なカトリック信者であり、神や霊魂の存在を信じていたことを知る。母の臨終に立ち会い、パスカルの『パンセ』を読み、隆の信じた「唯物論」思想はすっかり崩れ去った。やがて隆の興味は、パスカルの信じていたキリスト教へと向かうことになる。

昭和 10 年頃の浦上天主堂（長崎原爆資料館蔵　池松経興氏撮影）

隆が通う医科大学のすぐ近くに浦上天主堂（カトリック浦上教会）の荘厳な建物があった。それまで隆が知っていた長崎のまちは、丸山や浜町《はまのまち》や大波止やクラブなどの港町だった。しかし、浦上は信仰と祈りのまちであった。隆自身の言葉を借りれば長崎は「エロスのまち」と「マリアのまち」の二面性があった。浦上のまちには30年の歳月をかけて完成した東洋一の赤レンガの美しい聖堂からアンゼラスの鐘が鳴り響いていた。パスカルの思想を知る前の隆には、天主堂やカトリックの信者に対して信仰にだまされている人々というさげすむ気持ちがあり、特別な興味はなかった。だが、パスカルの思想を知って以後、あらためて浦上天主堂を見直し始め、霊魂の存在とカトリックの教えに関心を深め、ついには下宿を鳴滝から浦上に移すことにしたのである。

新しい下宿先は、上野町の森山貞吉《もりやまさだきち》の木造2階建ての家だった。その家の敷地にはエノキとクスの大木が茂り、裏は椿の森になっていた。貞吉は牛の売買と農業を営んでおり、妻のツモと一人娘の緑の3人家族であった。

森山家は、キリシタンの禁教時代に密かに信仰を守り潜伏していた浦上キリシタンの最後の「帳方《ちょうかた》」を務めた吉蔵の子孫で、浦上在住の信徒達のリーダー的存在の家であった。帳方は別名「惣頭《そうがしら》」とも言い、神父不在の村からひとり選挙で選ばれた。密かに所持する教会暦（バスチャン暦）から年中行事や祝日などを調べて繰り出し、信徒達に伝え、祈りや教理を伝承する重要な役割を担っていた。

隆が浦上に住み始めた当時の浦上地区の信者は、約1万2千人といわれた。隆は森山家でキリシタン信徒の昔話やカトリックの祈りの生活にじかに接することになったのである。

現在、上野町の長崎市永井隆記念館前には「帳方屋敷跡の碑」が建っている。

見合い

大学卒業を翌年に控えたある日のこと。お世話になっている大学教授に誘われて、地元の名士の茂木の別荘へ遊びに行ったことがあった。そこで名士の家族に歓待を受け、ばか騒ぎをして、酔った隆は手ぬぐいでほおかむりをしながらお得意のどじょうすくいまで披露した。

隆の酒豪ぶりは有名だった。その頃の隆は酒を前にするとニタッとして、一升や二升の酒は平気で飲んだ。だが、興に乗ることはあっても、酔って変に乱れることはなかったという。つまり愉快な酒飲みだった。酒豪ぶりは家系的なもので、帰省した際に村の寄り合いの宴席に参加して、最後まで残って飲み続けたのは父と隆と弟の親子3人だけだったというエピソードが残っているくらいだ。戦後になって隆は、〈人類最初の偉大な化学者は酒を作った人ではあるまいかと私は考えます。〉（『長崎の花』参照）とも記している。

茂木の別荘では周囲を笑わせ楽しく過ごして満足した隆だったが、実はその席は教授と名士が相談し用意した、隆と名士の娘とのお見合いの場だった。翌日教授に、「永井君、どうだった？」と聞かれ、隆は質問の意味が分からずに、「なんのことですか？」

と答えたという。隆には自分が見合いしたという認識がまったくなかったのである。

その後日談がある。教授と名士は話を進めようと隆の実家の父寛のところへ行き、正式に隆を養子に迎える縁組みの申し込みをした。隆には知らされていない教授と名士の行動であったらしい。長崎からの来訪者の突然の申し込みに、父の寛は長崎の隆を呼びつけて、「あんたは金で身売りをするのか！」と激怒した。だが、事情を飲み込めない隆はぽかんとしていたという。そして、見合いとは知らずに名士の別荘に行ったことを説明し、ようやく父親の誤解を解いた。すぐに縁組みの話もきっぱり断った。これもまた、隆らしいのんきでおおらかなエピソードである。

このウソのようなホントの話は、自伝的私小説『亡びぬものを』の冒頭にも登場している。

大学卒業と人生の岐路

隆は大学の春・夏・冬のほとんどの休暇中に飯石村に帰省した。長崎も好きではあったが、生まれ育った故郷への愛着は格別だった。知人・友人と旧交を温め、演劇発表会を開き、多忙な父の代診として村の患者の家へ往診することもしばしばだった。村

長崎医科大4年生の永井隆。後方左端（長崎市永井隆記念館蔵）

では大学の先生が直接診てくれるということで、大変ありがたがられ大いに感謝されたという。

第一次上海事変が起こり、満州国の建国宣言が発表された1932年（昭和7）の春。

内科臨床医になるために内科を専攻していた隆は、無事大学の卒業試験をパスした。成績優秀だった彼は、大学の卒業式で答辞を読むことになっていた。一世一代の名誉だとの思いがこみ上げて、隆はみんながあっと驚くような型破りな答辞を読んでやろうと密かに計画していた。

卒業式の5日前に、中華料理店でクラスの送別会があった。芸妓も呼んで飲めや歌えのどんちゃん騒ぎとなった。ところが、酔いに任せて雨の中を思案橋から浦上の下宿まで濡れて帰ったことが原因で、隆は高熱を出してしまった。急性中耳炎の重症と診断され、緊急手術を受け、生死の境をさまよう事態になったのである。その時病室に付き添ったカトリック信徒の老婆の回想によると、「天主の御母聖マリア、罪人なるわれらのために祈り給え」と、隆はうわごとをつぶやいていたという。結局、体調が回復するまでに2カ月を要し、答辞どころか卒業式に出席することさえできなかった。隆のお酒による初めての重大な失態であったのかもしれない。

こうして隆は長崎医科大学を卒業した。当初の進路希望は内科であったが、急性中耳炎の後遺症のために耳が聴こえなくなる恐れがあり、やむなく臨床医の進路を断念した。そこへ大学の先輩の勧めがあり、放射線医学を専攻することに決めた。当時の放射線医学は研究が始まったばかりの学問で、医学界全体からは一段低く見られていた。隆も学生時代は勉強する気になれず、物理的療法科の試験では零《れい》点を取っていた。しかし、その不成績の負い目が隆の反骨心に火をつけ、専攻を決断した。自伝的私小説『亡びぬものを』によると、ここが隆の〈一生の岐路〉となったと書き綴られている。

同年６月、正式に長崎医科大学附属病院の物理的療法科（現在のレントゲン科）勤務の助手となり、隆は原子学や放射線医学の研究と診療と教育に励むことになった。上司は新進気鋭の研究者であった末次逸馬助教授。だが、当時の物理的療法科はまだ独立した科ではなかったのである。

大学を卒業後、隆は飯石村に帰郷。医大生時代には徴兵を免除されていたので、そこで四つ違いの弟元《はじめ》や小学校時代の後輩らと一緒に徴兵検査を受けている。進路選択について、故郷の人々は隆が実家の医院を継ぐものだと思っていたようだが、父寛は息子の選択に賛成し、大学の研究室に残って研究を続けるように勧めたという。

森山緑との出会い

クリスマス翌日の夜、雪の日のことだった。

下宿先の一人娘の森山緑が夕方から急な腹痛で苦しみ出し、寝ていた。胃腸薬は効かず時間が経つにつれて痛みは激しさを増した。夜になってから、父親の貞吉に依頼され緑を診察した隆は、彼女の病名を盲腸炎と診断した。このまま朝を待っていては腹膜炎を引き起こす恐れがある。そう判断した隆は、医科大学の附属医院ですぐに手術を受けるよう勧めることにした。父親の承諾を得て、附属医院に連絡を入れ、緑を背負い隆は夜の雪道を附属医院まで急いだ。深夜のことでありハイヤーも呼べる状況ではなかった。附属医院の外科に到着すると、連絡を受けて待機していた同期生の医師が緊急手術を行った。手術自体は短時間で無事終わったという。

緑は私立鶴鳴高等女学校、長崎県立大村女子職業学校師範科を卒業し、当時は長崎郊外の青年学校で家庭科（裁縫と編み物）の教員をしていた。くりっとした目と白い歯が印象的な女性で、女学校時代はバレーボールの選手であったという。勤め先の学校が休みの日にしか実家には帰らないので、下宿で隆と会う機会はあまりなかった。その日緑はたまたま冬休みで帰省していたのだった。

一足遅れて附属医院へ駆けつけた緑の母親のツモが、担当の外科医のために夜食を用意していて、これを差し上げてくれと隆に頼んだ。その包みには白ぶどう酒やハムやソーセージやみかんなどが入っていた。隆と同期の外科医は茶碗に白ぶどう酒をついで乾杯した。

自伝的私小説『亡びぬものを』には、その時のようすが次のように書かれている。

〈「林君の恋人の健康のために！」とまじめに叫んで乾杯した。「おいおい、恋人じゃないぜ」隆吉はあわてたので、ブドウ酒にむせてせきこんだ。

「ばか言うない、ほれぬ男におんぶされる女があるものか！」

山口君はそう言って自らブドウ酒瓶をとり上げ隆吉の茶わんについでくれた。〉

（『亡びぬものを』参照）

（注：林隆吉は永井隆のこと。山口君は同期生の外科医のこと）

出征前夜

1932年（昭和7）の暮れ、放射線医学の研究に没頭する隆のもとへ、広島歩兵第十一連隊から召集令状が届いた。ドイツでヒトラー政権が誕生した直後の1933年（昭和8）2月、軍医幹部候補生として隆の入隊が決まった。

その頃の日本は、軍国主義によって戦争への道を歩み始めていた。1931年（昭和6）に関東軍が満州事変を起こし、日本は軍事行動を開始、関東軍主導で満州地区を中華民国から独立させ、翌年には満州国という傀儡《かいらい》国家を建国させた。

隆は召集に際し「青春よ、さらば」と、当時の若者らしく出征先での死を覚悟した。出発前夜のことだった。大学近くのすし屋で医科大学バスケットボール部主催の送別会が開かれた。送別の宴が終わり、小雪の舞う中を隆は下宿に帰った。緑を背負ってこの道を歩いた日のことを、隆は思い出していた。あの日の背中で感じた緑の心臓の鼓動がまだ生々しい記憶として残っていた。

下宿の部屋に戻りぼんやり座って、「明日はこの部屋ともお別れか」と、隆はしばらく物思いにふけっていた。すると、静かに階段を上がる誰かの足音がして、下宿の部屋のふすまをトントンと叩く音が聞えた。ふすまが静かに開かれると、そこには意外にも森山緑が座っていた。緑は熟柿を乗せたお盆と包みを持って中に入って来た。そして、盲腸炎の時のお礼を言い、両手をついて出征祝いを述べた。それから、「どうか無事に生きて帰って来てください」と挨拶をして、「満州は寒いそうですね。これは退院してから私が編み上げたものです。ほんの心ばかりのお礼です」と言いながら、包みの中の毛糸の上着（ジャケット）を隆に渡した。隆は、「それじゃ頂きましょう。向こうではぜひいるでしょうから」と言って、緑の好意とともに受け取った。その瞬間、隆の胸は何かしら別れ難い気持ちでいっぱいになり、思いがけず緑への熱い感情が高まったという。

隆は緑の手を強く引いて唇を重ねた。

翌日の出発の日。前夜のことが頭にあったからかどうか分からないが、送別の宴で泥酔した隆は、いったん乗車した国鉄列車から降りて、大勢の見送りの人々がいた長崎駅のホームでお得意のどじょうすくいを踊り、発車を2、3分間遅らせてしまったという有名な珍エピソードを残している。

『公教要理』

隆は広島の陸軍歩兵第十一連隊に幹部候補生として入隊した。軍人勅諭を暗記し、新兵として厳しい訓練を受ける日々が始まった。初年兵に対して最初に待ち受けていたものは、二年兵のいじめだった。そのことは『亡びぬものを』に詳しく記されている。

そんな軍隊生活が始まったある日、隆は人事係の特務曹長から中隊の事務室に呼び出された。隆のもとへ緑から慰問袋が届いていたのだ。「森山緑とはお前の何だ?」との上官の詰問に、「何でもありません。別に深い関係では……」と返答に困る隆ではあったが、思いもよらぬ緑からの慰問袋に内心胸の弾む思いであったことだろう。

袋の中身は緑の心のこもった手編みの手袋と靴下、そして『公教要理《こうきょうようり》』という小さな本だった。『公教要理』は内容を確認するために上官がその場で預かって三日後に戻された。さっそくその本のページを開いて、隆は読み始めた。キリスト教の教えを簡素にまとめたものが『公教要理』だったが、その書かれている内容に隆は衝撃を受ける。

人の求めているものは何か？　人にとって一番大切なものは何か？　人は何のためにこの世に生まれて来たのか？　死とは何であるか霊魂とは何であるか？　罪とは何であるか？

自分自身が追い求めていた真理が、そこにはっきりと示されていた。隆は導かれるように何度も何度も『公教要理』を読み返した。

新兵の訓練を終えた隆は短期軍医に採用され、北朝鮮から広島市の宇品《うじな》港までの患者輸送船の乗船勤務や広島陸軍病院のレントゲン室勤務をした。その間に多くの負傷兵士の救護に当たり傷の手当をしたのである。

もっとも、軍医になっても大好きな酒は相変わらずだったようで、ある日の夜更けに、千田町の大通りの四つ辻で、カスリの着物姿の隆が酔っぱらって大の字に寝ていたことがあった。そこへ松江高校時代の同級生が通りかかり、「オイ永井じゃないか」と声をかけた。隆は「おー、鈴木か」と返事した。その同級生は路上に寝ていた隆を担ぎ上げて下宿まで送り届けている。この同級生とは鈴木繁徳氏のことで、『三刀屋如己の会会報』第16号「永井隆君との書簡あれこれ（1）」にそのエピソードが綴られている。

戦後になって隆はこの日のことを、〈三升六合ひとりで平げて、千田町の街の月にでんぐりかえっていた僕もなつかしい。「オイ永井ジャナイカ」とのぞきこんだ君もなつかしい。あの晩は月が三ツに見えていた。むかしから無鉄砲な僕でした。〉と、鈴木氏宛の返信の手紙で回想している。いかにも酒豪の永井隆らしいエピソードである。

第5章

結婚生活

洗礼と結婚

1934年（昭和9）2月、1年2カ月の軍隊任務を終え、永井隆は勲章をもらって無事帰還し長崎に帰った。その間も森山緑が送ってくれた『公教要理』をそばに置き読み続けていた。下宿に戻ると、すでに家主の森山貞吉は亡くなっており、緑と母親のツモが温かく迎えてくれた。その頃緑は学校勤務を辞めていた。

自伝的私小説『亡びぬものを』によれば、緑が部屋に挨拶に来ると、隆はいきなり毛糸の上着（ジャケット）を脱いで畳の上に置き、「おかげで風邪も引かなかった。ありがとう」と、わざとぶっきらぼうに言った。緑はにっこりして上着を抱え上げて、「もう私の身替わりはおいりになりますまい」とつぶやき、階段を駆け降りて行ったという。

永井隆と妻緑の結婚式の記念写真
（長崎市永井隆記念館蔵）

隆は意を決し、浦上天主堂の守山松三郎神父を訪ねた。キリスト教への改宗の相談をして、1934年（昭和9）6月に洗礼を受けることになる。霊名（洗礼名）はパウロであった。それからすぐに緑に結婚を申し込み、2カ月後に浦上天主堂で結婚式を挙げた。隆、緑ともに26歳の時であった。

妻の緑は普段からおしろいをつけない女性であったが、結婚式の当日だけはおしろいを顔に塗った。『いとし子よ』では、〈ただ一度、結婚式の朝だけ、おしろいを白く顔に塗った。いつも小麦色のつやつやしい顔をしていたので、あの花嫁さんの顔だけが、別の人だったようにしか私には思い出せない。〉と、隆は新妻のことを回想している。

隆は帰還後すぐに長崎医科大学物理的療法科に復職した。当時の科の構成員は末次部長（助教授）、同科医局長の隆と医局員、技術者、見習いというものだった。小集団ながらも念願の科の独立に向けて、着々と準備と努力を重ねていた時期である。

隆にとって人生の節目の年となった1934年（昭和9）。国内では帝人事件が起こり、忠犬ハチ公の銅像除幕式が行われ、米大リーグ選抜チームの一員としてベーブ・ルースが来日、海外ではヒトラーがドイツ総統に就任している。長崎県内では雲仙が国立公園に指定され、県営バスが営業を開始。長崎市の中ノ島で国際産業観光博覧会が催され、東濱町に岡政百貨店が開業している。

新婚生活

こうして隆と緑の新婚生活が始まった。

大学を出て3年目だったが、助手としての当時の給料は40円（その頃の大卒の初任給が90円）で家計は苦しかった。当時の質素な生活ぶりを、隆はこう回想している。

〈しかし私は一度も妻から苦情を聞かなかった。着物一枚新しく買ってやらなかった。劇場へ行ったこともない。料理屋へ二人で食いに行ったこともない。遊楽といえば一年に一日海に行ったくらいのことだろう。〉（『ロザリオの鎖』参照）

当時の隆は、長崎医科大学物理的療法科で研究に没頭し論文を発表していた。科内では局員が集まり海外論文の抄読会《しょうどくかい》を開いた。その集まりの評判がよく、月一回は医師会館で開業医を交えての会が開かれるようにもなっていた。時には局員達とハイキングや海水浴に出かけたり、毎週一回開催の長崎名物皿うどんを囲む会に興じたりすることもあったという。『亡びぬものを』には、〈長崎人は一週間に一度はさらうどんを食わねば腹の調子が悪いと言うほどの名物だった。〉と、皿うどんのうんちくについて記している。

いっぽう、緑はもっぱら留守を守り家事や裁縫や畑仕事にいそしんだ。夜は家に女子を集めて裁縫、手芸、生花などを教え、家計を支えた。隆の着る物はすべて緑の手製であった。

聖ヴィンセンシオ・ア・パウロ会

その頃、隆は緑の勧めで聖ヴィンセンシオ・ア・パウロ会というカトリックの慈善活動団体に入っている。毎週の例会にはほとんど欠かさずに参加した。

会の活動の一環で、大学の放課後や日曜や祭日に、病人のいる長崎近郊の貧しい家庭を訪問したり、潜伏キリシタンが隠れ住んだ離島などで医療奉仕活動を行ったりした。地域の子ども達のための啓蒙活動として、幻灯《げんとう》上映会や童話会も開いた。隆は童話のストーリーを自作の紙芝居を使ったり身ぶり手ぶりを交じえたりして演じ語った。『亡びぬものを』によれば、初披露の舞台は話が自分のものにはなっておらず、大人の講演のように堅苦しくて、子ども達の心には届かずに失敗だったという反省の内容が記されている。

永井が聖ヴィンセンシオ会に入会してから「聖ヨゼフ劇団」という聖劇団が結成され、独自に制作した聖劇を演じることもあった。永井が自ら脚本を書き、演出をして、役者として舞台にも立った。片岡弥吉著『永井隆の生涯』には、公演会場には永井の発案で「劇は祈りなり」と大書された標語が掲げられた。作品は30分程度の喜劇から2時間あまりの聖劇の大作まであったと記されている。学生時代に故郷飯石村で開いた演劇発表会の経験が十分に生かされていたのだろう。

雪の日の出来事

結婚の翌年、風邪を治すために耳鼻咽喉科の医師に打ってもらった新薬の注射が原因で、隆は深刻なアレルギー症状を引き起こした。一時は危篤状態となり、身重の緑も連絡を受け附属医院へ駆けつけた。一命はとりとめたものの、後遺症でぜん息《そく》が持病となり、その後時々発作を起すようになっていた。

ある雪の日のこと。夜分にぜん息の発作を起した山村の患者の往診に出かけた隆は、帰り道に彼自身がぜん息の発作を起して歩けなくなってしまう。その夜は隆自身にも自分の発作が起こるかもしれないという予感があったという。緑は往診に行くことを止めたが、医者の使命感から隆は患者のもとへ向かったのだった。

急ぎ足で歩く帰路の途中、息苦しくなり、心臓は破れそうで、隆の足は一歩も動かなくなった。雪も本降りになっていた。その時道ばたに小さなほら穴を見つけ、その穴に入り込んで、しばらく身体を休めることにした。腰をおろしほっとした途端ぜん息の発作が起こった。ここで朝まで苦しみに耐えなければならないのか？　不安と心細さが隆を襲った。

それから30分ほど発作の苦痛に耐えていると、ほら穴の入口にぼんやり明かりが見えてきた。それは隆を心配して迎えに出ていた緑の提灯の明かりだった。

「あなた――あなたじゃないの？」

隆の姿を見つけ、緑は声をかけた。

「おう、早く、早く、明かりを、注射を！」

緑は持って出た注射器に指示された薬の液を入れて隆に渡した。隆はそれを太ももに注射した。それから緑は夫の背中をさすり続けた。次第に夫の呼吸が楽になると、緑は隆を背負って坂を下り自宅へと帰った。

『亡びぬものを』の文中には、この時の気持ちを、〈このときほど妻の顔をうれしく迎えたことがなかった。ぐっと抱きしめてやりたかった。しかし呼吸は絶息に近く、せっぷんなど思いもよらなかった。〉と、ユーモアを交えて表現している。緑に背負われながら、隆は彼女を背負い下宿から長崎医科大学附属医院まで歩いたあの雪の夜を思い出していたのだろう。緑もまた、背中に夫の重さを感じつつあの日の自分の姿を重ね合わせていたのかもしれない。

長男誠一誕生

1935年（昭和10）、長男誠一《まこと》が誕生した。誠一が自宅で生まれた日、隆は放射線医学会で研究発表をするために大阪にいた。すると、会場に「オトコノコウマレタ、オヤコブジ」という電報が届いた。その日の喜びを、〈初めて父親になったうれしさに、身も心も浮き浮きして、なんだか息子と並んで学会に出席しているような気持ちであった。〉と、『いとし子よ』に書き綴っている。誠一という名前は隆の父の寛が命名した。

翌1936年（昭和11）には長女郁子《いくこ》が生まれ、永井家は4人家族となったのである。

二度目の出征

結婚翌年の１９３７年（昭和12）、隆は長崎医科大学の講師となる。同年7月、再び召集令状が届き、日中戦争に従軍。広島第五陸軍師団衛生隊の第三部医長として中国華北の戦地へ派遣されることになった。任務は戦線のすぐ後方に包帯所（診療テント）を開き、運ばれて来る負傷者の応急手当をすることだった。赴任初日に手当した負傷者は３７０人にものぼり、この数字だけでみても当時の戦闘の激しさを物語っている。

ある日、第一線の部隊が山岳地帯に深入りし過ぎたため敵軍に包囲されるかたちとなり、隆の所属部隊と師団の戦闘司令所との連絡が絶たれる事態が起こった。増援部隊の要請と野戦病院の派遣が急務となったが、その情報を20キロ先にある司令所へ伝える特別任務の遂行者が必要であった。この時、進んでその任務を引き受けたのが隆だった。

隆は単身で、敵軍の狙撃部隊が潜む中、ロザリオをポケットに忍ばせ、岩陰に潜み、死体を装って川を流れるままに進んだ。草むらをはい、時には一気に疾走し、苦心の末に司令所へとたどり着き、無事任務を果たした。しかし命の危険にもさらされた。

所属部隊に戻る途中のりんご畑では敵兵の狙撃にあい、危機一髪のところで逃れたという。

隆所属の衛生隊は、お国のためだけではなく、万国共通の赤十字精神にのっとり敵味方の区別なく負傷者を手当した。銃声が鳴り響く中で敵兵の負傷の手当をすることもあった。包帯所には敵味方の負傷兵がまくらを並べて寝ていた。彼らの間には言葉は通じなくても人間としての情は通じていたという。

〈この第一線に相戦う青年たちは、このように何の憎しみも感ずることがないのに、なぜ参謀本部や政府は机の上で戦争を考えだしたのだろうか？　そして戦争を考え出した高官たちは安全な首都に止まっていて、何も知らぬ若者たちに殺し合いもさせているのはどういう量見だろう？〉（『亡びぬものを』参照）と、隆は思わずにはいられなかった。

衛生隊は兵士だけではなく子どもや農民など現地住民の治療も行った。血まみれになった一般人を見るたびに、隆の胸には「誰

日中戦争に軍医中尉として従軍
（長崎市永井隆記念館蔵）

施診妙手薬到
病除中日提携
治療和平来
不避寒暑施救
万民弗分畛域
中日同沾恩

民国二十八年六月上旬

広饒県知事から贈られた感謝の書（長崎市永井隆記念館蔵）

かに対する怒り」がこみ上げてくるのだった。

隆の脳裏には聖ヴィンセンシオ会の精神も働いていた。現地のある村の教会に出向き子ども達を集めて、「花咲かじじい」や「浦島太郎」など日本の童話を話して聞かせることもあった。その際隆は、聖ヴィンセンシオ会長崎支部に依頼して転戦先の現地支部宛に送ってもらった古着や絵本を配っていたと、片岡弥吉著『永井隆の生涯』に記されている。

華北、華南、山東と隆達の行軍は続いた。

1939年（昭和14）春、隆の部隊は山東省広饒《こうじょう》に入城した。その際、怪しい行動をしていた現地人の男を拘束し身体検査をしていたところ、彼の左腕が腫れ上がっていることが分かった。隆はその男を手術室に連れて行き、メスを入れて手当を施した。医師の良心から出た行動であったが、男は敵の軍医からどんな処置をされたか分からないので、プリプリ怒って逃げ帰って行った。

翌朝、すっかり腕の腫れが引いた男は、打って変わって上機嫌で隆の前に現れ、お礼に卵を50個贈ったという。その男が近隣に「日本人の偉い軍医がいる」と触れ回ったため、それが評判となり、隆のところに毎日100人の中国人患者が押し寄せるようになった。片岡弥吉著『永井隆の生涯』によれば、その年の4月だけで隆は4、000人あまりの中国人を治療したとしている。広饒県知事は隆の医療行為に対して感謝の書を贈り、現地の人々は隆に敬意を表して「生き神様」と呼んだということである。

帰還

その後、山東から広東、広西、ノモンハンなどを行軍し、隆は出征中に72回の戦闘に従軍した。

1940年（昭和15）2月、幾度となく生命の危機にさらされた3年にも及ぶ中国大陸での衛生隊任務を終え、隆は帰還した。彼の胸には金鵄勲章《きんしくんしょう》が輝いていた。下関港の岸壁では妻の緑が出迎えた。緑は隆の留守中女学校で裁縫などを教え、その給料で家族を支えていた。出征の間に長女の郁子と島根の父寛が亡くなっていた。その日の緑の顔は生活に疲れているように見え、再会した目には涙がたまっていたという。

亡き父の墓参のため島根に帰郷した折に、隆のために近所の人々が集まって盛大に凱旋祝いをしようとした。しかし、隆は固辞した。日本の国民はこの戦争を連戦連勝と伝えられており、事実を知らされていないことを初めて知ったからであった。その頃の軍医は、多くの友軍負傷者のことや戦争の実態について、国民に知らせることを禁じられていたのである。

この帰還頃のことだろうか、三刀屋町の小学校の全校生徒の前で、隆が中国大陸の従軍体験談を話したことがあった。軍医として詳しい戦況を口にすることはできないが、生徒の前でもあるし、隆は持ち前のユーモア精神を発揮して話をしている。

その時の内容について、当時小学2年か3年生だった景山晋氏は、『三刀屋町如己の会会報』第3号で次のように回想している。

〈隆先生の話には身をよじって抱腹絶倒したのである。それはこんな話だった。

手榴弾というのは安全装置を外してから爆発するまで若干時間がかかる。だからあまり投げるのが早過ぎると敵陣へ着いてからでも爆発しない。すると敵兵がこれを拾って投げ返してくる。だがこれも早過ぎるとまだ爆発しない。かくしてもう一度投げ返すと、ちょうど爆発時刻が訪れて、敵陣はコッパミジンになるという話だった。

　ウソか本当か分からないと言えば、隆先生には大変失礼だが、その巧みな話術と、子どもも心の機微をよくとらまえて話をなさった先生の姿が今も思い浮かぶ。〉

（『三刀屋町如己の会会報』第３号）

当時、長崎から飯石村に帰郷する際、隆はたびたび小学校や中学校の母校で戦時講演会を引き受けていたようだ。１９４３年（昭和18）にも飯石国民学校で戦時講演会が開かれている。隆は国民服姿で講演していたそうで、すでに村出身の名士としての風格が漂っていた時期であったのだろう。

医科大勤務再開

再び長崎医科大学物理的療法科勤務が始まった。帰還した同年、隆は長崎医科大学助教授に昇格し、京都帝国大学に転勤になった末次部長（教授）に代わって物理的療法科部長に任命された。給料は90円に上がり、家計を受け持つ緑はほっとした。

戦場から再び教壇へ。それはあまりに激しい環境の変化だった。

隆の講義は、学生の出欠をとらず、講義ノートをとることを重要としなかった。これは隆自身の学生時代の体験から出たことで、学生が欠席するのは授業に魅力がないことであり、ノートをとれば知識は保存されるが、学生の脳には記憶されないと思ったからであった。

『亡びぬものを』によると、一年の講義の終わりには、「学問は日々進歩しており、現在の講義は来年には変更しなければならなくなるだろう。学生諸君は現在の学問の位置から新たに出発して、新しい体験を加えていってほしい」といった内容を語りかけたという。

この頃隆が始めた研究は、「レントゲン間接撮影法の研究」と「身体組織の微細構造研究」の2つであった。

3年間の軍隊生活から復員し、科の部長となり助教授に昇進した永井は、その責任感からか、学生や看護婦の教育に厳しく当たることが多くなった。

１９４１年（昭和16）の正月明けにはこんな出来事があった。２人の看護婦が年明けの土曜日の初出勤日を欠勤し、翌週の月曜日の朝から出勤してきた。この２人を見るなり、永井は冷たい水タンクに２人とも放り込んでしまった。片岡弥吉著『永井隆の生涯』によれば、永井は直後に久松看護婦長に向かって「肺炎を起こさないようによく手当をしてやれ」とつぶやき、後日この非情な行動に対して「どうしてあんなことをしたのだろう」と反省の弁を述べたという。その日隆のとった行動を推測するに、役職から来る責任感に加えて、厳しい規律の軍隊生活からまだ抜け切れていなかった時期であったことと、幼い頃の母ツネの厳しい「しつけ」の影響も一因としてあったのかもしれない。

茅乃誕生

助教授に昇進した翌年、次女茅乃《かやの》が誕生した。茅乃が生まれた日は、聖ヴィンセンシオ・ア・パウロ会の集まりがあり、自宅２階で会員10人ばかりがお祈りをしていた。集まった人々の接待をしていた緑は、急に産気づき、１階の奥の間で出産した。隆はその時のようすを、〈だからカヤノは祈りの声の満ちている家で生まれた。祈り終わって静かになったら、階下からかわいらしいオギャア、オギャアが聞えてきたので、みんな、おやおや、おめでとうといい、この子はきっと教会のために働くだろうと話し合った。〉(『いとし子よ』参照)と書き綴っている。

太平洋戦争と結核の流行

1941年(昭和16)12月8日、日本軍はハワイの真珠湾を奇襲し、米英を相手に太平洋戦争を始めた。日本が中国と戦争を行いながら、南へと領土を広げたことが太平洋戦争の起こった原因だといわれている。戦況は当初日本軍が優勢だったが、ミッドウェー海戦を機に、1942年(昭和17)半ば以降は連合国軍が優位に立った。

その頃の日本では、結核という病気が流行っていた。戦争の影響で国民の栄養状態は悪く、体力がなくなり、結核菌に対する抵抗力もなく、医薬品も不足していた。人口の50人に1人の割合で患者がいた。当時は決めてとなる有効な治療方法がなく、多くの人々が結核で亡くなっていた。早期発見、早期隔離、早期治療が流行を防ぐ最も有効な手段であった。

結核の早期発見をレントゲン撮影が可能にするということで、その頃から学校や工場などでレントゲン撮影による集団検診が始まった。そのために隆は多忙になり、毎日何百人というレントゲン撮影と診断に没頭することになったのである。

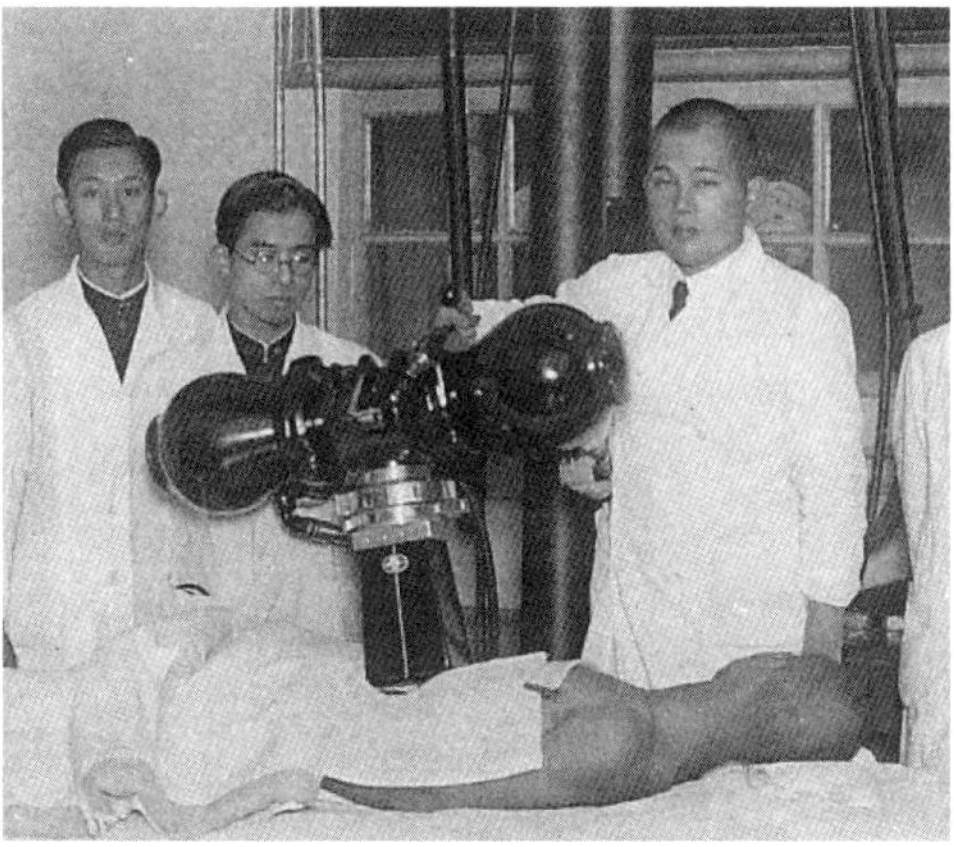

結核の集団検診で多忙だった物理的療法科部長時代。右端（長崎市永井隆記念館蔵）

永井家の幸福な時間

太平洋戦争が始まった頃が永井家にとっても最も幸福な時間だった。

日曜の朝は家族そろって浦上天主堂のミサに出かけた。隆は誠一の手を引き、緑は茅乃をおんぶして、畑道を歩き丘の上の天主堂へと向かった。『ロザリオの鎖』には、〈あんな幸福な日はもう私には来ない。〉と記されている。

当時、隆は隣組組長、町内副会長、町内会長などの役職を次々に引き受けていた。

地域の婦人会のために負傷者の応急処置や運搬法の指導なども行った。緑も浦上連合婦人会の重職を果たしていた。晴れた日には肥桶《こえおけ》を担いで畑仕事に行き、雨の日には家で編み物や縫い物をした。それに加えて、2人の子どもと夫の世話も緑の仕事であった。

その頃の緑は、2人の子どもの将来に大きな夢を抱いていたという。そのようすを隆はよく見ていた。『いとし子』には、〈それは空想などではなく、学校年金の積み立てとか、制服生地の買い入れのようなところまでやっていた。これは誠一が高等学校へ行くときの腕時計、これはカヤノがお嫁入りの鏡などと独りごとをいいながら、何かしら箱をたんすに入れたりしていた。〉と書き綴られている。

研究に没頭する隆には、周囲が目に入らなくなる癖があった。研究室にも夜遅くまでこもった。『亡びぬものを』によると、ある日の夜、緑が夕食の用意をして研究室を訪ねた。研究室には炊事用具一式が揃っていた。緑は隆のためにコーヒーを淹《い》れてカップを渡し、バターつきの焼いもを渡し、かんころもちを焼いた。受け取った隆は、レントゲンフィルムを見ながら無意識に口に運んでいた。だが、頭はフィルム診断に占有されていたため、本人には食べた実感がなく、飲んだり食べたりした後に、「ああ、頭がさえてきた。まるでコーヒーを飲んだ後のようだ」と思わずつぶやくことがあったという。そんな隆の姿を、緑はくすくすと忍び笑いしながら優しい眼差しで眺めていたのだろう。

また、隆は緑と狭い道ですれ違いながら妻の存在に気づかなかったことが二度あったという。『ロザリオの鎖』には、〈「まるで夢遊病者の看護をしているようですわ」〉と妻が言ったことがある、と記されている。

もともと隆はそそっかし屋で妻緑を悩ませていたという。『いとし子よ』の記述によると、浴衣を裏返しに着て夕方の散歩に出たり、医学会に行く時にネクタイを締め忘れたりすることもあった。食事をしたことを忘れて緑に二度食事を催促したり、水上警察の監視所の建物を公衆便所と間違えて飛び込んだりしたこともあった。あまりのもの忘れに見るに見かねた緑は、永井に記録用の手帳を渡し、用件と持ち物を書き込んで何回も確認するように頼んだ。だが、結局その手帳に書き込むこと自体忘れてしまい、いつまでも真っ白のままだったという。

そんな献身的な妻へ隆が唯一報いたことは、雑誌に掲載された自分の論文を見せることだった。隆が雑誌を渡すと、緑は縫いかけの着物を脇に置き、きちんと座り直し、雑誌を押し頂いてからページをめくり丁寧《ていねい》に読んでいた。もちろん緑には詳しい内容は分からない。それでも夫の生命のすりこまれた論文のページを熱心にめくった。そんな緑の姿を子どもも抱きながら幸福感に浸り見つめる隆であった。

その頃、結核の早期発見にはレントゲン検診が最も有効という世間の常識が定着し、物理的療法科には患者が押し寄せた。十数年前とは隔世の感があり、一日5、6人だったものが、その頃には早朝から50人から100人の患者が受付に集まるようになっていた。もう物理的療法科が他の科から一段低く見られることもなくなった。大学の講義も随意科から正課に変わった。周囲の目や世界が変わっていく実感を、隆自身も肌で感じていたのである。

1943年（昭和18）3月、永井家に三女笹乃《ささの》が誕生したが、翌年6月に病死している。

余命3年の宣告

1944年（昭和19）3月、『尿石の微細構造』の研究論文で、隆は医学博士号を取得した。研究活動に最も脂が乗っていた時期であろう。

しかし、同年末頃から米英による日本本土への空襲が激しさを増し、日に日に国内の戦況は悪化の一途をたどっていった。同年8月には、中国基地から飛来したアメリカ軍爆撃機B29が初めて長崎市内を空襲した。1945年（昭和20）3月10日、いわゆる東京大空襲が行われ、民間人を含めた死者数は10万人以上を数えた。同年3月26日には、アメリカを主体とした連合国が沖縄諸島に上陸し、日本との間で激しい地上戦が繰り広げられ、多くの住民が巻き込まれ犠牲となっている。同年4月になると、長崎市内に2回目の空襲が行われ、4トンの爆弾と7発の時限爆弾が投下された。

その頃まで、レントゲン撮影による集団検診は多忙を極めた。隆の過労も重なっていた。すぐに疲れがたまり眠くなることが多くなっていた。時には杖をついて出勤することさえあったという。

ある頃から隆の腹の腫れが目立つようになった。隆の異変を心配する科の久松シソノ看護婦長に強く勧められて、隆は自身のレントゲン撮影をしてみることにした。その結果、脾臓が膨れ上がっていることが判明した。胃や腸が圧迫され押し上げられていた。内科の影浦尚視教授に診察してもらうと、病名は慢性骨髄性白血病で余命3年と宣告された。戦時中のフィルム不足による結核患者の直接透視の胸部検査や、集団検診による大量のレントゲン撮影にともない、X線という放射線を過度に浴び続けたことが主な原因だったと思われる。許容量を超えた放射線を受けた隆の身体はむしばまれ、血液障害を起こし、白血球が増加していた。この時、隆は37歳だった。

その日家に帰ると、隆は自分の病名を妻の緑に告げた。十字架や聖母マリア像が置いてある香台のある部屋で、妻にありのままを説明した。緑は3歳の茅乃を膝に抱いてじっと聞いていたが、聞き終わってからしばらく身じろぎしなかった。横には山里国民学校4年生の誠一が正座していた。それから緑は香台の前に行き、2本のろうそくに火を灯し祈った。十字架を仰いで長い時間祈った。祈り終わると隆の前に座り、「生きるも死ぬも、神様のご光栄のためにね」とにっこり微笑んで言った。長崎に原子爆弾が投下される2カ月前の、1945年（昭和20）6月のことであった。

第6章

戦後
――闘病生活と旺盛な創作活動始まる

終戦直後の長崎医科大

長崎に投下された原爆による長崎医科大学関係の死者は、角尾学長ら890余名、そのうち永井隆が所属する物理的療法科の科員は6名だった。附属医院の入院患者107名のうち50数名が亡くなり、外来患者の犠牲者も多く出ている。

医科大学と附属医院は甚大な被害を受け、学生の授業や患者の診療・治療が困難となった。長崎商工会議所内に大学本部が一時的に設置され、被爆直後は新興善国民学校を仮収容所（救護病院）として患者の診療を開始した。

1945年（昭和20）9月、長崎医科大学再興が決議され、長崎市西山の長崎経済専門学校（長崎経専　現在の長崎大学経済学部）校舎内に医科大学本部と附属医院の事務を移転した。

10月6日、新興善国民学校の長崎医科大学移管が決まり、被爆者への診療と学術的研究を始めることになった。被爆2カ月後の10月9日には、大村海軍病院（仮校舎）で授業が再開された。

三ツ山木場の借家に住んでいた永井隆は、長崎医科大学の再興が決まったので、大学へ戻ることにした。新興善国民学校にも出勤し、負傷者の治療と学術研究を続け、三ツ山救護所での救護活動記録『原子爆弾救護報告』を執筆し学長宛に提出した。提出時期は、長崎大学の原爆復興70周年記念事業報告によると、同年年末から翌年1月末頃にかけてと推定されている。

11月2日、長崎医科大学の原爆犠牲者慰霊祭が行われ、同月上旬には医科大学本部が長崎経専から新興善国民学校に移転している。

再び浦上へ

長崎原爆投下直後、爆心地周辺には放射能の影響で75年間生物が住めないという噂が広がり、長崎市民は恐怖に震えた。そのため、永井隆ら研究者は動植物を観察することになった。すると、3週間後に焼け跡から蟻《あり》の群れが見つかり、1カ月後には多くのみみずが見つかった。どぶねずみの走る姿も見られた。永井は「人間も住める」と確信し、原子野生息可能説を取った。ただし、幼児は放射能に鋭敏なので近づかないほうがいいとの意見付であった。

この「原子野」という言葉。当時の占領軍が「アトミック・フィールド」と記した臨時飛行場の案内板のことを知り、永井が早合点して爆心地一帯のことを指すと思い込み「原子野」と翻訳したものだという。

　永井には、放射線医学の専門医師として、被爆地の原子爆弾による放射線の人体に及ぼす影響を調査する使命感があった。そのために、一家で爆心地近くの浦上に移り住む決断をしたのだった。永井自身の言葉でこの調査のことを、誠一や茅乃も巻き込んだ「自家実験」とも表現している。

『長崎の鐘』によれば、〈私は、爆心地に近い上野町に一坪あまりのトタン小屋を作ってもらい、それに入った。〉と記述がある。親類の人達に手伝ってもらい、屋敷跡の石垣を利用して丸太と板とトタンぶきの小さな小屋を建て、永井と義母ツモと誠一と茅乃との戦後生活が始まったのである。

　小屋の建った場所は、自宅に隣接する高さ2メートルの石垣で仕切ったイチジク畑だった。小屋は2時間ほどで完成したという。永井誠一著『永井隆　長崎の原爆に直撃された放射線専門医師』には、〈かまどは石三個をコの字型に並べた簡単なものだった。井戸は従来あったもので、穴の中の落下物をさらえた。水はバケツに縄を結んでくみ上げた。トイレは少し離れた所に四角い囲いで、三方と上部に板やトタンを張り、正面に出入り口を造り、その中の地面を掘った穴の上に、二枚の板を渡した簡単なものだった。ふろはタライぶろである。浦上の焼け跡の原子野で暮らしている者の生活はみな同じようなもので、別に不自由さは感じなかった。〉と説明されている。『ロザリオの鎖』には、最初〈亡妻のいとこたちが小屋を立てていたので、その中へ割り込ませてもらった。〉と記されている。しばらくしていとこ達はそれぞれ引っ越して行ったという。

被爆地の経過観察目的のトタン小屋生活は、10月20日から約半年間続いた。夜になると、永井は灯のない小屋で母を亡くした子ども2人を抱いて、毛布にくるまって寝た。半年の間、妻緑の喪に服するとして、永井は髪を切らず髭を剃らなかった。それはまるで薄汚れた仙人のような姿であった。しかし、周囲の同僚達は永井が喪に服していたことを知らずに、「浦上の仙人」と呼んで嘲笑していたという。

後に執筆した『如己堂随筆』の「亡き妻にわびる」の項には、友人との会話の中で緑に対する想いが次のように綴れている。

〈「それもそうだ。しかし、ぼくが教授になり、研究を仕上げ、世間に名を知られるようになったのは、妻が死んでからあとのことなんだぜ。それを楽しみに、やがてそんな身分になれる望みをいだいて、長い年月、貧乏と雑用に追いまくられながらも、がんばり通してくれた。それが今ひと息という時、原子の火にたちまち命を終わったのだった。――なんといういじらしい『女の一生』だったろう……ああ、台所の焼跡に、わずかの骨をとどめて。あんなに早く死ぬもんだったら、あんなに無理に働かせるんじゃなかった。せめて一度なりと雲仙温泉へ遊びにつれていくのだったのに。一度ぐらいは芝居を見せるのだったのに。夫のために子のために、働いて働いて働きぬいて、何ひとつ報いられずポッと燃えてなくなった一人の女性。女性の死場所はついに台所なのだろうか？……」〉（『如己堂随筆』参照）

アンゼラスの鐘

大学の教室関係者は、永井の最初のバラック小屋を家と呼ばず「箱」と言った。その小さな「箱」には来客が絶えなかったという。

11月23日、廃墟と化した浦上天主堂で原子爆弾死者合同葬が行われた。永井は信徒総代として弔辞を述べている。浦上地区では信徒約１２、０００人のうち約８、５００人が爆死した。その合同葬には誠一と茅乃も参列した。つむぎの上下に袴をはき白い包帯を巻いた永井は、髪が伸び放題の姿であった。この「原子爆弾合同葬弔辞」の内容については、永井の死後に批判する論文が複数世に出されている。

その頃、まだ元気だった永井のところへ再婚話が幾つか持ち込まれたこともあった。しかし、亡き妻のことを思い、その母の面影を残した子どものことを思い、永井は首を縦にふらなかったという。

浦上地区では倒壊した天主堂の仮聖堂の建設が進んでいた。

倒壊した旧浦上天主堂の高さ約30メートルの鐘塔には、フランス製の大小のアンゼラスの鐘が吊るされていた。大きい方は毎日、小さい方は祝日に大きい方と一緒に鳴らされていた。しかし、太平洋戦争が始まり打ち鳴らすことは禁止された。

原爆によって天主堂は倒壊し鐘は落下したが、宿老の田川、山田一太郎、本尾町青年団員ら信徒有志が探した結果、煉瓦に埋まっていた大きいほうの鐘がほぼ完全な状態で見つかった。発見されたのは12月24日の午前中のことで、鐘の掘り出し作業が終わったのが午後3時過ぎであった。永井は現場にいてその作業を見守った。

アンゼラスの鐘は、平和な時代の浦上の信徒達の生活には欠かせない音色を奏でていた。

永井は信徒らとともに、「被災者の精神を奮い立たせ、生活再建の意欲を起こさせるためにこの鐘を鳴らそう」と提案したといわれている。信徒らは３本の杉丸太を組み、急ごしらえの鐘楼として、鐘をチェーンで「ヨーイショ、ヨイショ」と掛け声を揃えて吊り上げた。永井はこの時も体が動かず、そばに座って作業を見守った。「カーン、カーン、カーン」。こうして１９４５年（昭和20）12月24日、アンゼラスの鐘はクリスマス・イブの夕に原子野と化した浦上の丘に鳴り響いた。何年かぶりに聞く鐘の音に、浦上の信徒達はひざまずいて祈りを捧げた。当時永井が詠んだ歌が、〈新しき朝の光のさしそむる　荒野にひびけ長崎の鐘〉であった。

この鐘は、その年の12月25日から現在まで朝、昼、夕の３回、浦上の丘に日々美しい音色を響かせ続け、今も浦上天主堂右塔に設置されている。

亡き妻の預金

１９４５年（昭和20）12月、飯石村に疎開していた実妹の安田サワ子が35歳の若さで死去。残された５人の子ども達は隆の配慮で長崎に呼ばれ、聖母の騎士神学校と修道院に入り、シベリア抑留中の父次郎の帰国を待つことになった。

1946年（昭和21）1月末、永井は親類達の大工の協力によって、屋敷跡に六畳と四畳半の部屋に台所とふろ付きの新たな平屋を建てた。

この平屋建設や台所道具一式を揃えることに使った費用は、郵便局に貯めてあった預金が当てられたという。『いとし子よ』によると、その預金は永井の知らぬ金で、実は妻緑が家事や婦人会の仕事の合間に女学校や青年学校などの講習会へ家庭科を教えに行き、2円、5円と貯めた金だった。永井一家は、緑の貯めたお金のおかげで、市役所からの配給品が途絶えてもしばらくは食いつなぐことができたのである。

永井は妻の家族への愛情について、『いとし子よ』で次のように書き綴っている。

〈いとし子よ。

お母さんはあの日限りおらなくなったが、お母さんの働き貯めたお金で、そなたたちと私と三人は生命をつなぐことができたのだよ……。お母さんという人は、愛情を外にあらわさないで、人目のつかぬところに豊かに秘めておいて、知られぬように、ぽかぽかあたためることが好きだった。火鉢式ではなく、オンドル式の愛のもちぬしであった……。

（中略）

あの郵便貯金がもし無かったら、私たちはどうなっていただろう？　あのころにはタケノコ生活という言葉がはやった。着物を一枚また一枚とぬいで売っては、その金で暮らしを立てることだった。私たちは丸焼けで、着ていたのは、よだれかけの水兵服やカーキ色の外套など、国のお情けで配ってもらったのを、くじ引きで分けて一枚ずつ身にまとっている始末だったから、売って金に換える物とては、何ひとつ無かった。だから、あのお母さんの貯金こそは生命の綱となったのだった。〉（『いとし子よ』参照）

原爆体験記を執筆

１９４６年（昭和21）１月28日、永井は長崎医科大学教授に昇進した。しかし、体調は回復せず、長崎医科大学とバスケットボール部の後輩の朝長正充医師が主治医となった。

この年の春から永井は、小学5年生になった息子の誠一を、大村市にあった長崎県立女子師範学校附属小学校に転校させた。誠一の下宿先は大村の朝長医師宅であった。土曜日の夕方に自宅に帰り、日曜日のミサに家族と出席し一日を自宅で過ごし、誠一は病身の父を気遣いながら月曜日の早朝に大村に戻る生活を続けた。

その頃の永井は、放射線医学の専門医師として大学で講義を行い、講演会を精力的にこなしていた。大学施設のある長崎、諫早、大村を飛び回った。同じ時期に、一時的に大村に校舎を移転し授業を再開した長崎純心高等女学校からの依頼で、学園祭の生徒劇のために「あれから」という脚本を書き、上演のための背景画を描いたこともあった。その上演のようすを永井も見守ったという。1946年（昭和21）3月の同校の卒業式にも来賓として出席し、祝辞を述べている。同校の卒業生129名のうち約半数は原爆で亡くなっていたのである。

その頃から長崎新聞社の中島清と熊谷一夫という2人の記者に、〈この人類史上の大事件に正確な記録を残すことは、長い目でみても史実として意義があるし、さしあたって原子力管理問題でもめている現代に平和を保つためにも役立つだろう〉（『平和塔』参照）と熱心に勧められて、原子爆弾の詳細な体験記を書き始めた。〈平和を保つためには、ぜひ現代の世界の人々に掛け値なしの真相を知らせる必要がある。〉（『平和塔』参照）とも記してある通り、永井自身にも放射線医学を専門に研究してきた自分が書かなければとの思いがあったのである。その務めて主観をまじえずに淡々と描写した現地報告が、後に出版されることになる『長崎の鐘』（原題は『原子時代の開幕』）であった。

永井は病魔と闘いながら執筆活動に入った。まだ病状が進んでいなかった頃の永井は、腹這いになってペンで原稿用紙に体験記を書いていた。後に病状が進んで腹が膨れ出してからは、仰向けのままの姿勢で原稿用紙を乗せたベニヤ板を腹部に乗せて、左手で支えながら鉛筆で書いた。傍らには本を読むための書見台があり、消しゴムや鉛筆削りなどがヒモで結わいつけられていた。

永井のそばには息子誠一と娘茅乃の姿があった。夕食後に2人の子どもは、父の身体をマッサージしながらその日の出来事を話すことが日課となった。それは、短いながらも貴重な親子のふれあいの時間であった。父が使う原稿用紙と鉛筆を買い揃えておくのは誠一の仕事であったという。

『花咲く丘』には、体験記を書く目的について、〈一つは真相を記録にとどめることであり、もう一つは戦争を起さぬようにと叫ぶことであった。〉、〈私はこの記録を書く適任者である。書くがよい。また書くべき義務もある。書かねばならぬ。〉と記されている。永井の本を書く目的には、印税収入を得て2人の子どもと義母を養うとい

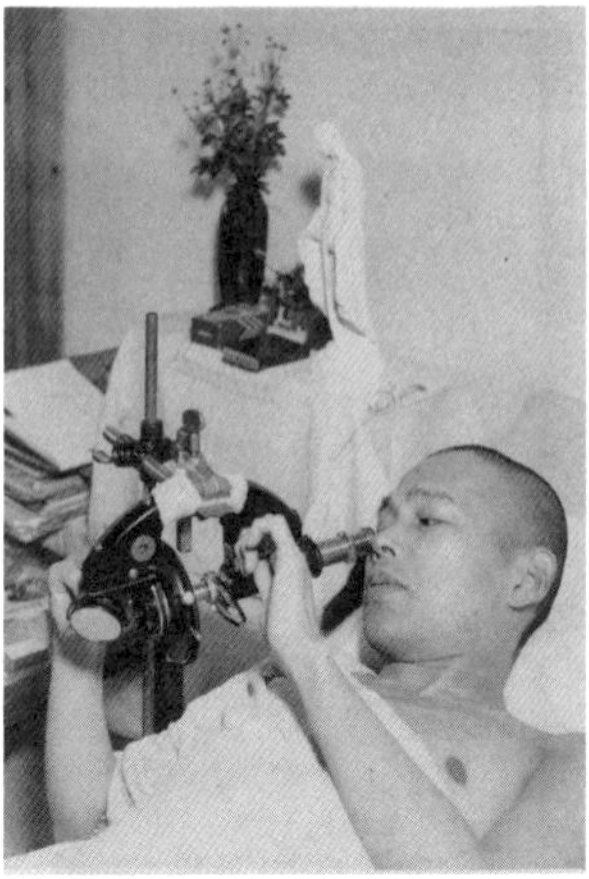

病床で研究を続けた永井隆
（長崎市永井隆記念館蔵）

うことと、長崎の人々を勇気づけ浦上の再建に寄与することも含まれていた。原稿の印税は一家４人の生活を支える貴重な収入源であった。しかし、書き始めてみると病状の悪化や心の葛藤などから何度か筆を折ることも考えたという。

１９４６年（昭和21）７月、永井の白血病の病状は悪化し、白血球は18万（健常者７０００）、赤血球は２２９万（健常者５００万）となり、大村からの帰途ついに浦上駅内で倒れた。

この頃のことだと思うが、永井の母校である松江高校の自習寮の黒板には、「檄《げき》　我等が先輩　永井隆さんのために　各人相応の　勧進を　請う」という文章が掲げられ、募金活動が始まった。郷里の後輩達が戦後の混乱期のなけなしの金を出し合い、病床の永井のもとへ送ったのである。

原爆投下から1年経った同年8月に、『長崎の鐘』を脱稿。同年11月、長崎医学会における「原子病と原子医学」についての研究発表が、永井の講演活動の最後となった。以後、自宅で病床生活に入ることになる。永井は病床でも医学の研究と執筆活動を続け、執筆意欲は衰えることなく研究書や体験記を書き続けた。

『亡びぬものを』『ロザリオの鎖』『この子を残して』など、次々に永井の著作は全国出版されることとなり大きな反響を呼んだ。だが、最初に書いた『長崎の鐘』の原稿については、内容的な問題からか、熊谷記者の尽力にもかかわらず東京の出版社から書籍化を断られ続けた。幸いにも原稿を読んだ（当時の出版界に影響力のあった）式場隆三郎医学博士の協力が得られることになったが、内容が長崎原爆被害の記録だけにGHQ（マッカーサーを最高司令官とする連合国軍最高指令官総司令部）の検閲に時間がかかり、すぐに出版とはならなかった。その間、式場博士の紹介で、永井は東京タイムズ紙上に『原子病患者の手記』という随筆を連載している。

日本軍によるマニラ大虐殺の記録集『マニラの悲劇』という本の特別付録との条件付きで、ようやく『長崎の鐘』の出版が許可されたのは、原稿が完成してから2年半後の1949年（昭和24）1月のことであった。実際に初版が発行されたのは同年1月30日。この本は日本国内、世界に向けて初めて出版された被爆国側から見た生々しい原子爆弾被爆の記録である。

永井自身は、『長崎の鐘』出版への並々ならぬ思いを次のように綴っている。

〈『長崎の鐘』――これこそは私の最初の文章であり、最後の著書、主著である。発刊された暁にはさぞいろいろの問題を提供するであろう。その中にこめられた永久平和の悲願はきっと読者の胸に科学的裏づけをもって理解してもらえるであろう。その後私の著書がいくつか世に出たが、私の主著はこの原子爆弾記録『長崎の鐘』である。これが世に出て日の目を見ぬうちは、私は目をつぶらぬ、つぶられぬ……。〉(『平和塔』参照)

出版後、『長崎の鐘』はたちまちベストセラーとなり、演劇(1949年　薔薇座)、歌謡曲(1949年　作詞サトウハチロー、作曲古関裕而、歌手藤山一郎)、映画(1950年　監督大庭秀雄、出演若原雅夫、月丘夢路、津島恵子ほか)にもなった。その作品群は敗戦に傷ついた日本人の心を癒し慰めていったのである。

その頃東京では、式場隆三郎博士主催の『長崎の鐘』出版記念会(永井本人は不在)が開かれた。サトウハチロー、笠智衆、徳川夢声、池眞理子、佐々木孝丸ら有名人が会場に駆けつけたという。

1950年（昭和25）春、映画のロケで長崎を訪れた俳優若原雅夫（永井隆役）と女優月丘夢路（みどり役）が如己堂の永井を見舞った。同年8月には松竹映画『長崎の鐘』が完成し、如己堂前庭に特製スクリーンを設置して野外試写会が行われている。

映画の主題歌を歌った歌手藤山一郎も如己堂を訪れ、自らアコーディオンを抱えて永井の前で独唱した。

歌謡曲『長崎の鐘』は、式場隆三郎博士の強い要請でレコード化が企画され、臨時発売されることになったものだ。永井の著作を参考にしてサトウハチローが作詞、古関裕而が作曲を担当。長崎の被爆者だけではなく、日本全体の戦災者を慰め励ます力強いメロディーとなった。

もともとのこの歌は、歌手池眞理子が歌うことになっていたという。しかし、池自身が「男性が歌ったほうがいい」との考えで、先輩の藤山一郎の吹き込みを希望し、レコード会社を説得して藤山一郎盤が実現したという。池眞理子自身はB面の『いとし吾が子』（作詞サトウハチロー　作曲古関裕而）を吹き込み、後日如己堂を訪れて永井の前で『長崎の鐘』『いとし吾が子』『新しき朝』を歌っている。

『鐘よ鳴り響け―古関裕而自伝』と『長崎県文化百選　うた・文学散歩編』によれば、

レコーディング当日、藤山一郎は高熱を発し、延期してもらうつもりで夫人運転の車でスタジオに向かった。しかし、現場には画家の山下清ら見学者がたくさん揃ってい たので、風邪が治ったら吹き込み直すという約束でその日吹き込むことにした。だが、藤山一郎の悲壮感あふれる格調高い熱唱に、その場にいた全員が感動し、再吹き込みの必要もなく、日本コロンビアはそのままレコード化し大ヒットにつながったというエピソードが残っている。

日本国憲法発布

ポツダム宣言を受諾し連合国に無条件降伏した日本政府は、事実上憲法改正の法的義務を負うことになった。1947年（昭和22）5月3日、日本国憲法が施行された。「国民主権」、「基本的人権の尊重」、戦争の放棄、戦力の不保持、交戦権の否認という「平和主義」を謳った現行憲法の誕生を永井自身は心から喜んだ。

『平和塔』には、平和憲法誕生の喜びが次のように書き綴られている。

〈私たちは戦争を棄てた。

この取り決めは、世界でも昔から今まで、ほかにほとんどない。善い約束だった。憲法をきめたのは、敗けてからだいぶん月日がたっていたころで、私たちの心は落ち着いていた。敗けいくさのあとの、やぶれかぶれの気持ちや、戦争したくても武装をすっかり除かれて、手も足も出ぬからという仕方なしの気持ちや、戦争を棄てたと約束したら外国も講和条約に少しは値引きをしてくれるだろうとのごまかしの気持ちで、一国の柱である憲法を定めたのではなかった。……ほんとうに心の底から、戦争はいやになり、悪い大騒ぎと悟り、二度と再び、この恐ろしい過ちをおかしたくないと思って、戦争を棄てたのであった。

絶対に戦争をしない、ということは、今の世界の有様から考えると、なかなかむずかしい。こちらから仕掛けないにしても、降りかかってくる火の粉は払わねばならぬ場合もあろう。そんな場合にも、はたして戦争せずに急場を抜けることができるか、どうか？　憲法をきめる前に、こんな点について、頭のよい、目のひろい人々が寄り合って、くわしく、激しく論じた。そのあげく、どんなことが起ころうとも、私たち日本は戦争を絶対にしないでやりとおせる自信がついたので、いよいよ決められた。そして私たち国民のみんなが、この取り決めを心から喜んだ。うれしかったね。もう戦争はせぬ。平和の空は永久に私たちの上に輝く！

原子野に寝ていて私は、この憲法発布の日をどんなにうれしく迎えたことだったろう!〉(『平和塔』参照)

第7章

最晩年の如己堂生活

現在の如己堂

如己堂

１９４７年（昭和22）10月、満州から島根に引き揚げていた永井の実弟永井元《はじめ》と家族が、永井の看病のために長崎で共同生活を始めることになった。白血病を患い２人の子どもの行く末を心配する永井から請われてのことだったのだろう。以後、永井の食事は元の妻貴子が担当することになった。

１９４８年（昭和23）３月、２畳一間の木造の日本家屋である如己堂が完成した。

永井は『平和塔』で次のように記している。

〈如己堂――己の如く他人《ひと》を愛す、という意味を名にとったこの家は、家も妻も財産も職業も健康も失って、ただ考える脳、見る目、書く手だけをもつ廃人の私を、わが身のように愛してくださる友人が寄って建ててくださった。〉（『平和塔』参照）

片岡弥吉著『永井隆の生涯』にはその建設経緯が記されている。

1947年（昭和22）12月に、永井の翻訳本『世界と肉体とスミス神父』が出版された。この本は永井の相談役であったフランシスコ会のプルダン神父らの助言によって、長崎市の復興の一助にしようと企画され、著者のブルース・マーシャルの快諾により欧米のベストセラー本の翻訳が実現したものだ。プルダン神父との共訳で、主婦之友社から出版された永井最初の出版本であった。永井はこの本の印税で浦上天主堂にオルガンを寄贈した。そのことを知った信者有志が、お礼として小さな病室を建てて贈ることにしたのである。

永井誠一著『永井隆　長崎の原爆に直撃された放射線専門医師』には、如己堂について、〈中田神父や浦上カトリック大工組合員の援助で、私たち父子のために建てられた、畳二枚の広さと香台のある家である。〉と紹介されている。

永井を自分のように愛する浦上の信徒達の手によって建てられた小さな家。如己堂にはいつも季節の花々が咲いていた。以後、この小さな家が親子3人の住処となった。如己堂には、昼間、近所の人々だけではなく、永井の著作などの評判を聞きつけて遠方から訪問客が訪れるようになった。修学旅行中の児童・生徒も訪れた。どんなに疲れていても、永井は嫌な顔をせずユーモアも交えて訪問客に応対した。

毎日届けられる読者からの手紙にも、直接丁寧に返事を書いた。被爆から3年後、担任教師の発案で、茨城県水戸市の三の丸中学校（現在の水戸二中）の1年生のクラス全員が、永井宛にお見舞いの手紙を書いて病床に届けられたことがあった。その時も永井は生徒一人ひとりに返事を書いている。この現存する永井からの返信ハガキ31通は、現在雲南市三刀屋町の永井隆記念館に所蔵されている。

この頃のことだろうか、永井が長崎医科大学に入学して最初の下宿先の家主だった金築勇逸氏が如己堂を訪問した時の話が残っている。「永井隆博士（三）―如己堂訪問記―」（教育誌『渾沌』掲載）によれば、金築氏が〈「手紙など代筆でいいじゃないか」〉と言うと、永井は〈「いやそうじゃない。私に何かを求めて来る人々には直接私の息吹きを伝えて少しでもお役に立ってあげねばならぬ。もっとも私を聖者扱いされるのは迷惑だね。ウッカリお屁も出来なくなるからね」〉と笑いながら答えという。

もっとも、昼間の長尻の訪問客や政治問題や原子力問題など議論を吹っかける客には永井も閉口したようで、原稿の締切日前など寝たふりでごまかすこともあった。時には観光コースの〝見世物〟的扱いに反発を覚えたのか、訪問客の前で癇癪《かんしゃく》を起こすこともあった。

ある日、永井に心酔し宗教的指導を求めてやって来た若者には、「人間が人間を完全に指導することはできない」と、強い口調で責めたこともあったという。『長崎の花』に、〈これも身から出たさび、これまでの記事や広告に、聖人だの聖者だの、原子時代の聖書だのと、神をおかす名を用いられたのを放ったらかしにしていた無情のむくい、ひどい罰でありました。うっかりしていると近ごろ大はやりの教祖成金の一人に祭り上げられるところです。〉と書いているように、永井は自分自身のことを「生き神様」や「聖人」呼ばわりされることを極端に嫌ったのである。

金築氏の「永井隆博士（三）―如己堂訪問記―」（教育誌『渾沌』掲載）にも、〈「此の間某新聞の記者に言ったことだがあなたの新聞によく出る永井博士という人を私は尊敬しています。あれはまるで生神様ですね、私はあの人を手本にしています。とね」〉

如己堂で親子３人の時間（長崎市永井隆記念館蔵）

と、永井が笑いながら話したと記されている。
　永井の執筆活動は、訪問客帰宅後や夜中心に行われた。時には深夜2時、3時、明け方の6時頃まで執筆作業をすることさえあった。
　締切日のある執筆について、〈お客さまが来ると、原稿用紙なんか、まくらの横のたなに押しこんで、のんきそうに冗談ばかり言って大笑いしながら、お客さまが帰ると、もうまるで人が違ったように、むっつりして、書きかけの原稿用紙を取り出し、目をすえて一字一文書いている。〉（『いとし子』参照）と、永井は書き残している。

その頃の永井の楽しみは、2人の子ども達とのつかの間の親子のふれあいと三度の食事であったようだ。目覚めの時や脳を刺激したい時には、いつも魔法瓶に入れてあるコーヒーを一杯飲んでから原稿を書き続けたという。

義妹の貴子夫人は、如己堂に隣接する家から永井のために食事を運んだ。夫人の回想記（『三刀屋如己の会会報』第11号「義兄　隆を看取って」）によれば、義妹ということで気を許したのか、出されたおかずについて永井は、〈「この寒い朝病人にすり大根とはどういうことですかネ…」〉、〈「仏の顔も三度ですよ。同じものばかり。もう少し考えてはどうですか」〉、〈「もう少しご馳走はできませんかね」〉と、不平を漏らしたこともあったという。永井のこの態度に対して夫に愚痴をこぼすこともあった貴子夫人だったが、〈今にして思えば、あの想像も出来ない物資も食糧も不足している時代、病床で死と向合い、昼は来客と、夜は著作の構想と記述に苦闘する日々の唯一の安らぎは食膳に向うときだったでしょうに。〉と当時を振り返っている。

如己堂を訪れた人々

1948年（昭和23）の春、永井は松江高校の同級生であった鈴木繁徳氏に次のような絵入り手紙を送っている。その頃の偽らざる無念の心境であったのだろう。

〈人生如此《じんせいかくのごとし》

松江を去って二十余年、無限大の野望おのずから縮まり固まり、わが人生も一つの小さき型にはまり終わりぬ。

夢ことごとく成らず、計画すべて外れたり。いま六尺の床の中に廃人の身を横たえ、朝夕トーストとコーヒーの頂ける身分になりたしというのがわが唯一最大の願いなりとは……　若いころには幸福は未来にあった。今思えば幸福は過去にある。我と幸福とはいつすれちがったのか？

夢やゆめ　夢見しころの夢さめて　ゆめみしころの夢ぞ恋しき　永井隆

昭和二十三年　春　鈴木学兄〉

永井の病床を定期的に見舞い励ます客の中には、聖母の騎士社のゼノ修道士や純心聖母会の江角ヤス会長（純心女子学園初代学園長）など聖職者もいた。

江角会長は同じ島根県出身のカトリック信者でもあったので、永井と深い信頼関係で結ばれていた。病床の痩せた永井を見て、江角会長は乳で栄養を取れるようにと翌日ヤギを届けている。貸し出されたヤギは、実は修道院で飼われていたもので、乳は当時9人のシスター達の栄養源となっていた。毎朝口に入る一杯の乳には、〈どれほど多くの祈りと犠牲とがこめられているのであろうか……〉(『いとし子よ』参照)と、永井自身は感謝の思いを書き綴っている。このヤギの世話と永井に飲ませる乳を絞る役目は、誠一と茅乃が担当したという。

純心女子学園のホームページによれば、永井の妻緑が戦前の4年間家庭科教員として同校に勤めていたと紹介されている。永井自身も戦前の一時期、長崎医科大学勤務の傍ら「教練《きょうれん》」の教員として教鞭を取っていたと説明されている。

学園(純心中学校・純心女子高等学校)には、『純心マッチ』という永井が作詞した合唱曲がある。この曲のタイトルは、戦前の高等女学校の第1回卒業式で江角校長が式辞で述べた言葉だ。〈純心マッチという考え方は、純心女学校ができた初めのころ、校長先生がよく話したもので、純心少女は小さいけれども、ひとりひとりの胸の中に聖い愛の火をもっている。やがて時が来てそれが燃え出し、そのあたり一面に、あたたかい愛の火をおこす、というのであった。〉(『如己堂随筆』参照)と、永井は説明している。

その言葉に感銘を受け永井が歌唱用に作詞した『純心マッチ』（作曲原田敬一）は、同学園で現在も歌い継がれている。

純心マッチの歌（『新しき朝』参照）

私は小さい純心マッチ
今はおとめごかよわいけれど
胸に不滅の光をやどす

私は小さい純心マッチ
鉄をとかした溶鉱炉でさえ
もとは一本マッチの力

私は小さい純心マッチ

今に人の世あまねくてらす
純心浄化の火と燃える

ポーランド出身のコルベ神父（アウシュビッツ収容所で殉教）やゼノ修道士との親交があった関係で、１９４６年（昭和21）に本河内に開校した聖母の騎士神学校（中等部）でも、永井は理科の教鞭を取っている。

１９９６年（平成８）３月６日、聖母の騎士中学校・高等学校主催で『永井隆博士に寄せて　被爆50周年記念「平和の鐘」』（水浦久之脚本）という演劇公演が行われた。被爆50周年にふさわしい題材として同校に縁ある永井隆を取り上げ、生徒達自らが演じた舞台であった。同校の第１回定期公演として長崎市民会館文化ホールで行われたこの公演は、満員の観客を集め盛況裏に終了したという。

１９４８年（昭和23）10月16日。〝青い鳥のおばさま〟と称されたヘレン・ケラーが11年ぶりに長崎を訪問。ヘレン・ケラーは目が見えず、耳が聞えず、口で話すことのできない三重苦の障害を努力で克服し世界的に有名になった偉人で、当時69歳だった。長崎駅広場前で行われた歓迎会では、「あの美しい長崎に１日も早く立ち直るように祈ります」と挨拶をした。彼女は18日の講演会終了後の午後4時半過ぎに永井隆博士の病床を訪ねて激励している。

　何の前ぶれもなくヘレン・ケラーは如己堂を訪れた。庭にはコスモスの花が咲いていた。彼女が姿を現した時、茅乃は天主堂の神父の元へお使いに行っており、誠一は学校から帰って来たばかりだった。永井は腹が痛み出し、仰向けになり腹を出して両手でさすっていたという。

ヘレン・ケラー女史（左端）の如己堂訪問
（長崎市永井隆記念館蔵）

　その日の感動や感激を永井は『花咲く丘』にこう記している。

〈びっくりした。あまりびっくりし過ぎて、あわてられなかった。うれしかった。あまり悦び過ぎて、ほほえむことを忘れた。へそを隠さねば失礼だ、やっとそれだけ気づいたので、ゆかたの前をそそくさと合わせ、とにかくベッドからにじり出て、敷居ぎわまではって行った。目の見えぬケラーさんに、畳の上に上がってもらうわけにはゆかないからであった。〉（『花咲く丘』参照）

永井は手を差し出しヘレン・ケラーと握り合った。彼女は手に力を込めて、「私の心は、すべて今あなたの上に注がれています」と語った。ヘレン・ケラーの力強くも優しい手を通して、温かい愛情が五体に流れ込むように感じ、永井に新しい勇気がわき起こったという。

出版記念会

1948年（昭和23）から翌年にかけて、幼子を残して死に向かう苦悩と、肉体の苦痛に耐えながら、永井は命の続く限り静かに世界平和を願い著作活動を続けた。そんな永井の姿に日本全国の人々が励まされ、復興の希望となり、共感の輪が広がっていった。日本中に永井隆の著作物ブームがわき起こった。戦後日本において世界中に認められた最初の日本人は、ノーベル賞受賞の湯川秀樹であり、競泳の古橋広之進であり、永井隆であった。

1948年（昭和23）8月、永井は長崎医科大学へ教授休職を願い出て受理される。同年11月1日、関係者が集まり同年8月に脱稿した『生命の河』の出版記念会が如己堂で開かれた。永井は本書を「原子病概論」と表現し、原子医学の専門家として精魂を注いだ。多くの協力者が資料集めなどで永井の執筆活動を支えた。約3年にも及ぶ執筆が終了した時から、〈私の全身の筋肉の力はぬけ、感覚は鈍った。文字を書く力は腕になく、蚊がぐみのように赤く膨れるのも感づかないほどだった。〉（『平和塔』参照）という状態が2カ月続いたという。

その日、白菊やコスモスなど秋の花々に囲まれた如己堂に集まったのは、出版に尽力した式場隆三郎医学博士、日比谷出版社の関係者、共同通信の社員や家族、長崎日日新聞記者、杉山宗次郎長崎県知事、脇山勘助長崎商工会議所会頭、大橋博長崎市長、長崎史談会の林源吉氏、郷土歌人の島内八郎氏、大学関係者、神父、浦上の人々らであった。その集まりは永井を見舞い励ましながら、地方文化と中央文化について論じ合う機会となった。その場には、かつての飯石村の永井家のような地域の〝文化サロン〟的雰囲気が漂っていたのである。

当日は茶菓子としてカステラや梅が枝餅が出された。永井は、〈カステーラを口いっぱいほおばってお茶を飲むと、おのずから平和というものがなつかしく思い出された。早く平和をとりもどしたいものだ。戦争さえなかったら子供たちにも腹いっぱいカステーラでも何でも食わせてやれたものを……。〉と『平和塔』に書き綴っている。

薔薇座の『長崎の鐘』公演

1949年（昭和24）5月7日、東京の劇団薔薇座が浦上天主堂の公民館で『長崎の鐘』を上演した。永井は担架で移動し会場で横臥したまま観賞した。

この公演実現の経緯は、『わが青春の薔薇座』（千秋実・佐々木踏絵著）に詳しく紹介されているので要約して紹介する。

薔薇座の俳優千秋実は、『ロザリオの鎖』『長崎の鐘』『この子を残して』などの著作に深い感銘を受け、東京で舞台化を企画。当時永井の著作の出版に協力していた式場隆三郎医学博士を通じて永井の承諾を得た。

公演予定の3カ月前に、千秋は佐々木孝丸の台本用生原稿を持って長崎を訪れ、如己堂で永井と面会している。その頃の爆心地周辺は、バラック小屋が建ち並ぶだけで瓦礫が散乱し荒涼とした原子野であったという。当時の永井は腹部が膨れ上がり、顔は士気色をしていた。永井は、〈「こう見えても昔バスケットボールの選手だったんですよ。バスケットにボールを入れるのは得意だったのですが、まさか腹のなかにまで入れてしまうとは思いませんでした」〉（『わが青春の薔薇座』）と、あえぎあえぎながらもユーモアを交えて千秋らを歓迎した。千秋らの質問に永井は丁寧に答えたという。

当時の永井は著作を次々に発表し、有名になった分、偽善者だとかマスコミに祭り上げられた人間だとか、出版を仲介した式場隆三郎博士が儲けているなどと批判する人々もいた。その風評について千秋が質問すると、永井は腹を立てるでもなく、にこやかに、しかし断固として、〈「式場先生には心から感謝しています。式場先生のおかげで何冊も本が出せてお金が入って暮らせるのですから。」〉（『わが青春の薔薇座』）と答えたという。

その日は、持参した脚本原稿に目を通して批評してほしいと依頼し、千秋らは辞去した。翌朝、長崎を離れる挨拶のために如己堂を再訪してみると、驚いたことに永井は一晩のうちに２００枚の原稿を読み終え、しかも余白に注意事項、訂止箇所、意見などが書き添えられていた。その内容は脚本家も及ばないほど細かく適切であった。永井自身の飯石村での演劇発表会や長崎で聖劇を上演した経験などが牛かされたのであろう。健常者でもこんなに早く作業はできないのにと、千秋は感嘆したという。

薔薇座の『長崎の鐘』公演は、同年3月17日に三越劇場で初演を迎えた。4月末から始まる九州巡業中に永井の前で上演することになっていた。その上演当日、永井は会場となった浦上天主堂まで担架で運ばれた。永井隆役の千秋実らの熱演を横臥したまま観劇し、永井は感激の涙を流している。終演後の放送局のインタビューで、〈「鏡にうつした自分ではない本当の自分の姿のままを見せられ、非常に勉強になりました。誰もが自分を芝居にしてもらって見たら、ずいぶん皆良い人間になるでしょう」〉(『わが青春の薔薇座』)と、永井は感想を述べている。

この長崎公演が終わった4日後、国会は特別法「長崎国際文化都市建設法」を可決。国際文化の向上を図り、恒久平和の理想を達成するため、長崎市を国際文化都市として建設することになったのである。

数々の栄誉と世間からの疑惑

1949年(昭和24)5月27日。昭和天皇が長崎医科大学(同月長崎大学長崎医科大学に改称)附属医院で病床の永井隆博士を見舞う。場所は2階の踊り場だった。永井は

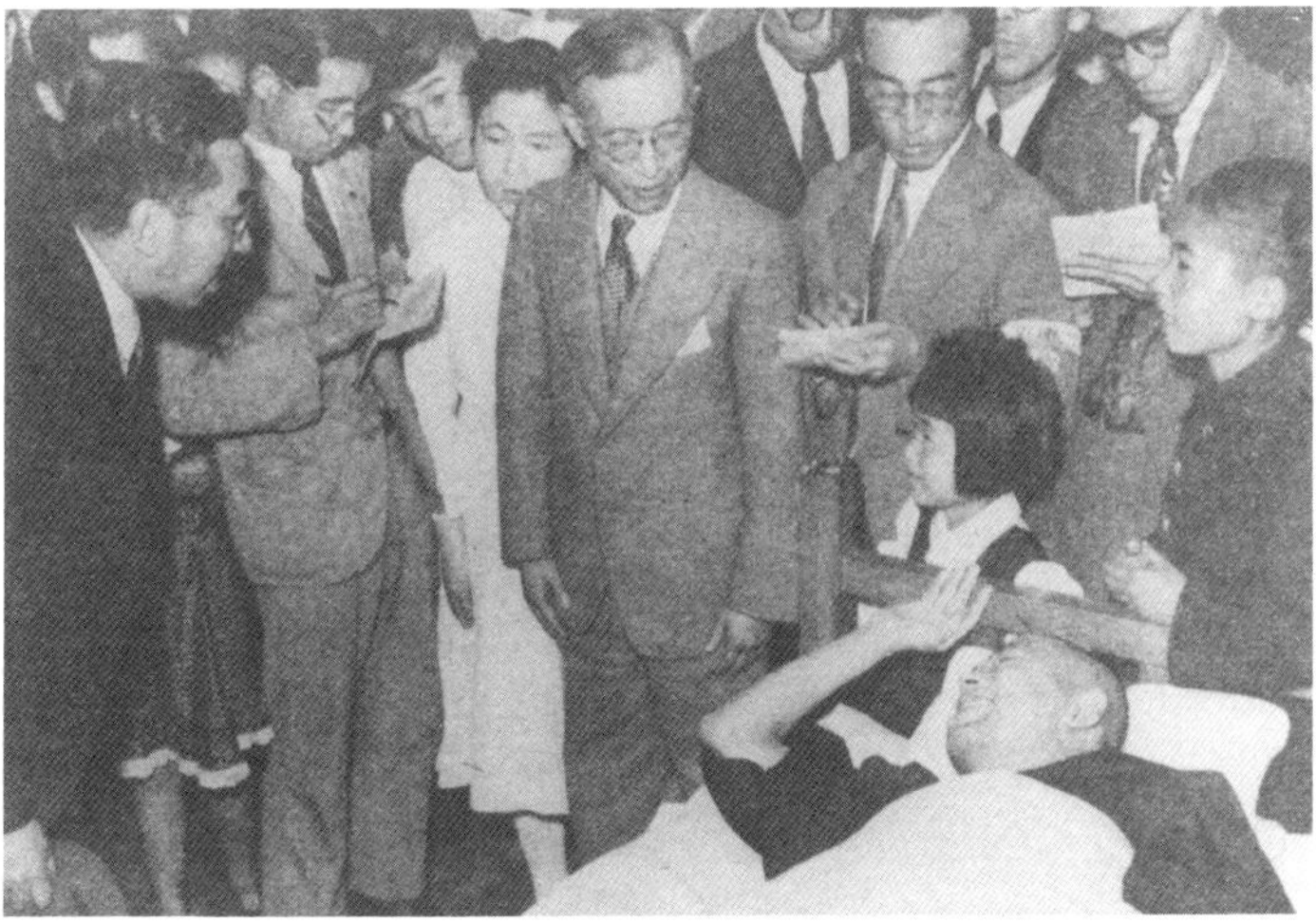

昭和天皇（左端）に見舞いのお言葉をかけられる（長崎市永井隆記念館蔵）

当日の午前中に如己堂からジープや担架で運ばれていた。昭和天皇は、「どうです、ご病気は？　――どうか早く回復するように祈ります」、「あなたの著作いろいろ読みましたよ」と言葉をかけられたといわれている。

同年8月、大橋博長崎市長の表彰を受け、同年12月には初の長崎市名誉市民の称号が永井に贈られた。この表彰に伴い、長崎市は坂本町の国際墓地横の一隅を永井の墓地として貸与している。

同年5月29日から6月12日まで、「ザビエル渡来400年祭」が日本各地で行われた。この式典にはスペインをはじめ世界20カ国の巡礼団が参列した。29日の午前中に浦上天主堂跡で行われた記念の野外ミサを、永井は如己堂の病床から手鏡を使って見つめていた。その手鏡は亡き妻緑の遺品でもあった。約2万人余りの参列者が集まった荘厳なミサであったという。

翌30日、永井は浦上天主堂の公民館で、期間中に日本に運ばれていた聖フランシスコ・ザビエルの聖腕（右腕）の入ったガラスケースに接吻する機会を与えられ、応接室でローマ教皇ピオ12世の特使ギルロイ枢機卿の見舞いを受けている。

ザビエルの右腕を目前にした永井親子の感慨が、『いとし子よ』には次のように綴られている。

〈聖フランシスコ・ザベリオ様の右腕を、そなたたちは目のあたり見たね。私も見た。見たばかりではない、親しくそのガラスの器に接吻をすることを許された。

――近く寄ってみると、あの腕が腐っておらず、困《まず》くひからびてもおらず、屍《し》ろうのように白くなってもおらず、全く生きた人の腕の、皮を剥いだもののようであることがわかった。別に薬を用いた跡もなかった。あれが四百年ばかり前に死んだ人の腕であるとは、じつに不思議なことだ。

腐らぬ右腕！

いとし子よ。

考えさられるねえ。〉（『いとし子よ』参照）

同年９月30日、永井は５月末に新制長崎大学として設置された医学部教授を退職。

同年10月21日、ロシアの世界的ヴァイオリニストのモギレフスキーが如己堂を訪れた。当日は原爆被災児童と県立盲学校の生徒達を招いて、永井はモギレフスキーが演奏するシューベルトの『アベマリア』を聴いている。この時の超一流のヴァイオリニストの演奏に、永井は大きな感銘を受けたという。

この頃、永井の著作は世の中に次々に出ていった。病床に臥す著者の作品が矢継ぎ早に出版されるので、人々は驚き、ゴーストライター（代作者）がいるのではないかと疑いの目を向ける人も少なくなかった。そんな噂に対して永井自身はこう答えている。

〈随筆が、矢つぎ早に世に出るので、人が驚いているとの話だが、これは別に驚くほどのことではない。書くことよりほかのことは何ひとつしないのだから、次々と本ができるのはあたりまえだ。（中略）――たとい病人でも、残されたわずかのエネルギーを随筆一つにまとめて費《つか》うなら、このとおり仕事ができるのである。〉

（『いとし子よ』参照）

もともと永井は趣味で短歌や俳句を詠み、こまめに手紙を書き、脚本を書き、研究論文を書くなど、執筆には慣れていた。普段から気づいたことを書き留めるメモ魔の一面もあった。文筆活動に専念する下地は十分にあったのである。

1950年（昭和25）6月1日、ノーベル物理学賞受賞の湯川秀樹博士とともに「社会教育と国家再建への貢献」で、永井は国家表彰の栄誉を受けることになった。ただ、この表彰問題についても、表彰に値するような学問的業績は認められない、著作の内容に文学的な価値がない、ゴーストライター（代作者）がいるのではないかなど、突如時代の寵児に躍り出たがゆえに、各方面（共産党系雑誌や一部大手の雑誌等）から異論が噴出し、賛否両論が巻き起こっている。

同じ頃、永井の病気は原子病ではなく、レントゲン照射による職業病でもないのではないかとの論議も起こった。永井の（無断欠勤した看護婦を水タンクに放り込んだなどの）私行や性格の問題を取りざたする者もいた。しかし、このような批判の声があるいっぽうで永井に対する国民の敬意や称賛の声は日に日に高まっていった。結局、代作問題など国会の考査特別委員会の調査が行われ、審査の結果、永井の自作に間違いない

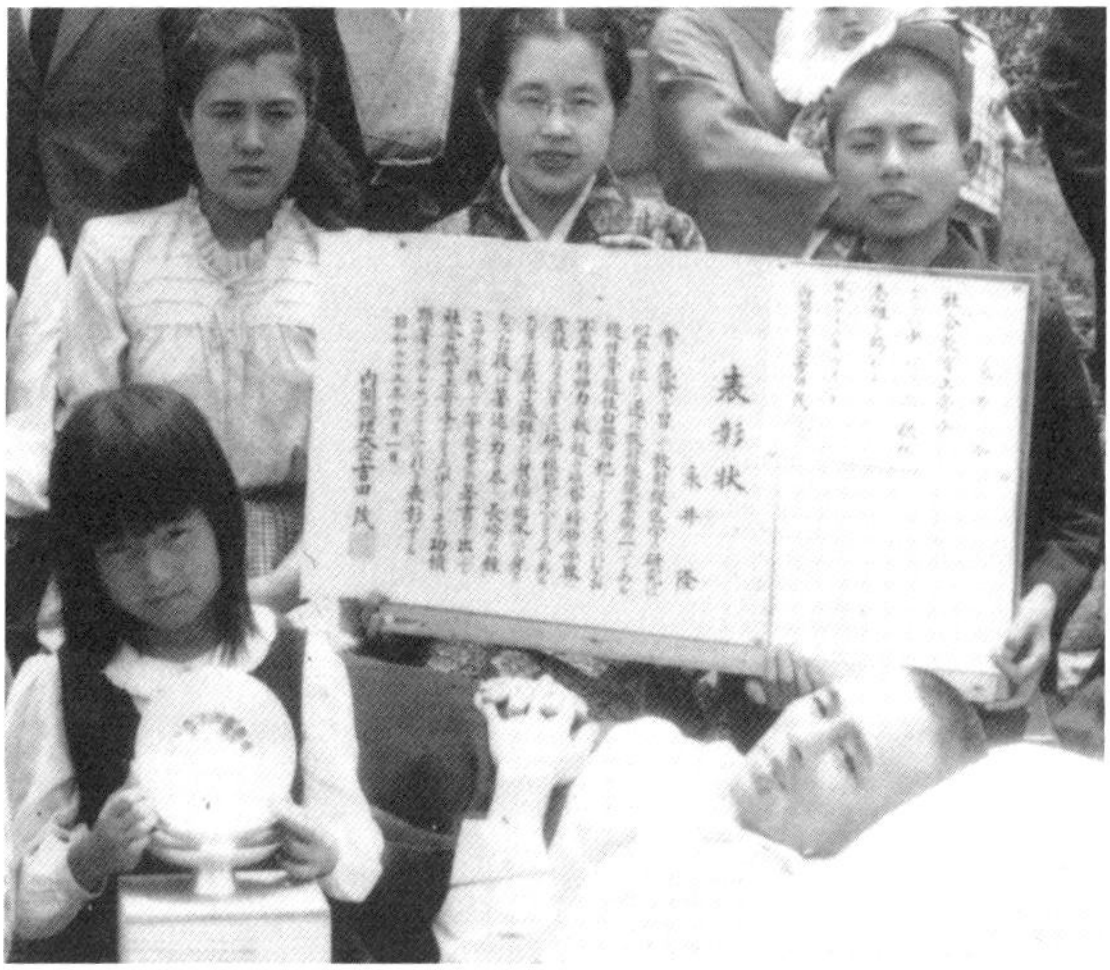

国家表彰の表彰状を受け取った日の記念写真（長崎市永井隆記念館蔵）

として、正式に表彰が決議されたのである。

　表彰の当日、長崎県選出の代議士である本多市郎国務大臣が如己堂を訪れ、国家表彰状と銀杯一組を紋付姿の永井に贈っている。

表彰状　永井隆

常に危険を冒して放射線医学の研究に心血を注ぎ、遂に放射線職業病の一つである慢性骨髄性白血病の冒すところとなったが、その不屈の精神力を奮い起こして職務に精励し、学界に貢献したことはまことに他の模範とすべきところである。

たまたま原子爆弾のため負傷し病床につく身となった後は、著述に力を尽くし、『長崎の鐘』『この子を残して』等、幾多の著書を出して、社会教育上寄与するところ少なくなく、その功績顕著である。よってこれを表彰する。

昭和二十五年六月一日　　内閣総理大臣　吉田茂

この国家表彰後に、ローマ教皇ピオ12世から永井宛に祝福の書簡が届けられている。

永井隆の最後

日本銀行から岩倉具視肖像の五百円紙幣が発行された1951年（昭和26）。2月に『村医』を脱稿。しかし、永井は誤字の多さに気づいた。同年4月、永井は『乙女峠』の執筆を始めた。同年初め頃から白血球が39万（健常者7000）を超え、全身がむくみ危険な状態が続いたが、激痛に耐え、最後の気力を振り絞って筆を進めた。

この原稿は、禁教期の幕末から明治初期にかけて、「浦上四番崩れ」という迫害と弾圧を受けながら、信仰を守り抜いた浦上村カトリック信徒の物語だった。津和野（現在の島根県）の乙女山に記念聖堂が建てられるというニュースを見て、永井自身に物語の発想が生まれたという。内容は津和野に流配された守山甚三郎を主人公とし描かれたもので、甚三郎は永井が改宗の相談をした守山松三郎神父の父親だった。永井はこの原稿を20日あまりで脱稿したという。この『乙女峠』が永井の絶筆となったのである。

ついに永井隆の生命の炎が尽きる日がやって来た。

容態が次第に悪化したのを受けて、永井は１９５１年（昭和26）5月1日の午前中に、長崎大学医学部附属病院の影浦内科に入院した。その日の夜になって容態は急変し、午後9時50分、永井隆永眠。享年43であった。

『長崎新聞に見る長崎県戦後50年史　１９４５〜１９９５』には最後のようすが次のように記されている。

〈「この子を残して」　永井隆博士死去

永井隆博士、白血病で帰らぬ人に――永井博士は午後9時50分、白血球による心臓衰弱のため長大医学部影浦内科第1号病室で43歳の生涯を閉じた。博士が6年間なじんだ「如己堂」＝長崎市上野町＝から入院したのは、この朝11時。長い闘病生活にかかわらず病院へ移ってから半日足らずの慌ただしい急変であった。
永井隆博士は昨年暮れ重体が伝えられたが、その後やや持ち直し市民はほっとした。ところが最近、白血球33万（常人7000前後）を数え、心臓衰弱でいつ急変するか分からない状態となっていた。このため入院することになり、1時間かけて担架で運び込んだ。博士は道すがら付き添いの実弟・永井元氏、親友の中島神父に軽口をたたくほど元気だった。午後5時ごろ博士は「さっぱりしたい」と言い、博士の放射線科教授時代に指導を受けた久松婦長が湯タオルで上半身を拭くと下半身も清めてくれと言い、下着一切も取り替えた。「人に気兼ねする先生が、虫が知らせたのか」と久松婦長は博士の死後涙ながらに述懐した。
午後9時40分ごろ、「目が回る」と言い出し、顔面に冷や汗が浮かび軽いけいれんが起こった。駆け込んできた当直医師によって強心剤が打たれた。突然、博士は「聖母マリア」と叫び「お祈りしたい、中島神父に会いたい」と言いながら、十字架を持ち息絶えた。〉
永井が生前用意していた辞世の句は、〈白バラの花よりかおりたつごとく　この身を離れのぼりゆくらむ〉だった。白バラは永井が最も好きな花であったという。

永井の遺体は遺志により白血病研究のために解剖に回され、翌日如己堂に戻った。担当の医師によれば、永井の脾臓は健常者の34・5倍、肝臓が4倍半から5倍という状態にあった。白血病を発症し、被爆者となってもなお6年間生きられたこと自体不思議というほかないと、担当医師はコメントしている。

5月3日、永井隆の教会葬が浦上天主堂で行われた。

5月14日午前9時から浦上天主堂で長崎市公葬が行われ、カトリック信徒や大学の同僚・学生や一般市民ら約1万人（長崎新聞記事）が参列した。正午には天主堂のアンゼラスの鐘、寺院の鐘、市役所や工場のサイレン、長崎港内船舶の汽笛が一斉に鳴り響いた。長崎市民は平和を切に訴えながら亡くなった被爆医師のために1分間の黙とうをささげた。十字架を先頭にした葬列は、浦上天主堂から坂本町の墓地まで続き、その遺体は坂本国際墓地の一角に白いバラと

永井隆の墓に献花する
息子誠一（左）と娘茅乃（右）
（長崎市永井隆記念館蔵）

ともに葬られたのである。

第8章

永井隆の記憶と遺産

２人の子どもへのメッセージ

永井隆は、たぐいまれなる個性とその生涯とともに、医学的研究や数々の著作、そのほかにも貴重な遺産を後世の人々に残した。その生きざまは、敗戦後の日本にあって失意に沈んだ日本人をどれだけ励ましたことだろう。と同時に、母を亡くした２人の子どもへ発信されたひとりの父親からのメッセージでもあった。

〈死病にかかっている父、二人の幼い孤児予定者――これが如己堂の住人である。この三人の人間が生きてゆく正しい道はどこにあるのか？　――それを探して苦しみ悩み考え、祈り、務めてきた。私が考えたこと、子供たちがしたこと、子供たちに話したこと、今わかりそうにないから書いておいて後で読んでもらうこと――それを、そのままこの書に書いた。〉（『この子を残して』参照）

亡妻の喪に服す永井隆
（長崎市永井隆記念館蔵）

１９４９年（昭和24）２月、ＮＨＫ大阪中央放送局のラジオ番組ローカル・ショウにて永井隆作『この子を残して』の朗読放送が行われた。まだ永井存命中の放送であった。この番組は、戦後復興期の日本人に生きる勇気と感動を与えた。

それから34年後の1983年（昭和58）9月には、同名の映画が全国一斉に封切られた。監督は木下惠介、加藤剛（隆役）、淡島千景（ツモ役）、十朱幸代（緑役）、大竹しのぶらが出演した作品である。すでに没後30年が過ぎていたが、永井隆を知らない世代にもこの映画は深い感銘を与えた。冒頭の長崎を訪問したローマ教皇ヨハネ・パウロⅡ世が語りかけるシーンは印象的であり、長崎原爆の惨状を描写した巨大オープンセットのラストシーンは衝撃的であった。

永井が残した作品群は、こうして時代を超えてなお輝きを放ち続けている。最終章では過去・現在・未来へと継承されていく「永井隆の記憶と遺産」について紹介したい。

医師・教育者として

永井の部下で物理的療法科の婦長だった久松シソノ氏は、「永井隆先生を偲んで」で次のように語っている。

〈先生は、童心、ユーモリスト、おおらかで、きびしさとやさしさを合わせ持っておられました。草花を愛し、お酒、お抹茶を好まれ、大変お忙しい先生でしたが、歌を詠んだり絵をかいたり心豊かに何事にも常に前向きに取り組んでおられました。それに頭の切り替えの速さは見事なものでした。困ったと言ったり横着な態度を嫌われました。医療従事者は、常に患者と共に喜び、共に苦しむように言われ、患者さんを大事にしておられました。一方、普通のやさしいお父さまでもあられました。〉（放射線医学教室　同門会誌「あらたま」２号）

永井の物理的療法科でレントゲン技術を習得し、原爆症のために亡くなったある女性技師の日記の一部が、永井自身によって『ロザリオの鎖』に紹介されている。

彼女は教育者としての永井の印象を、〈「部長先生の眼はこわい眼だ。じいっと真正面から見つめられると、頭の中まで透視されるような気になる。レントゲンで人体の内部を見抜いているうちに、あんな眼になったのだろう」〉と日記に綴っている。

ある朝彼女が機器の清掃を終えると、高圧メーターのスイッチが入らないことがあった。あわててスイッチをつけたり消したりしているところへ永井が入って来て、ひとしきりそのようすを見ていて、一言も発せずにネジまわしを彼女の手の平にぽんと置いて出て行った。その行動は自分の責任で直しなさい、問題を解決しなさい、という指導の意味だったのだろう。

彼女は続けて、〈「そのあとで、私は眼から思わず涙が落ちた。くやしかった。なさけなかった。はがゆかった。負けるものかと思った。誰にも尋ねずひとりでこの故障を直してみせるぞと思いこんだ。複雑な配線図と首っ引きで、配電盤の中に張りめぐらされた電線を追跡した。時間のたつのも知らなかった。とうとう故障個所を見つけた。マグネットのバネだった。うれしかった。それをなおしてから、スイッチを入れると、高圧メーターがスーッと動いた。そこへ先生が治療室から出てきた。メーターの針が六十キロボルトのあたりでぴくぴくしている。先生はまた私の眼の中をじいっと見つめた。こんどは口をとんがらせず、口のあたりに笑いをかくしているように見えた。そして一言も言わず、現像室へ行った」〉と綴っている。

また同日記には、永井に技術の向上を初めて褒められた日の放課後に、仲間とアイスクリームを食べながら祝賀会をしたこと、入院後の彼女の病室にむっつり顔の永井が見舞いに来て、〈「大丈夫、峠を越した。なおるよ」〉と言葉をかけられたことなども記されている。

これは、教え子に対する厳しさと優しさという永井の教育者としての姿勢を表現した一例であろう。

永井は普段はひょうきんで心の優しい性格であったが、学生時代から学問探究に取り組む姿勢は常に真摯《しんし》であり、別の顔を見せた。それは病床についてからの執筆活動に対する彼自身の姿勢と重なる部分が多い。

〈私は学生や教室員からどんなに思われようとかまわぬ。ただ原子医学だけは正しく印象深く若い人の心に刻みつけておこうと務めてきた。〉（『ロザリオの鎖』参照）

永井の教育者としての矜持《きょうじ》に違いない。ただし、同じような姿勢で接していた息子誠一の教育には勝手が違い通じなかったと、「厳格一点張りの鍛え教育」への反省も口にしている。時代の寵児となった多忙さゆえであろうか、正直に〈私は、その父たる務めを一つも果たしていない。〉〈私は悪い父であった。〉（『いとし子よ』参照）とも綴っている。教育者や被爆医師としての立場と同時にひとりの父親として子育ての苦労も味わっていたのだろう。

永井は晩年に教師を風船屋に例えて「教員」という詩を残している。

教員

風船屋が風船をつくる
大きい風船、小さい風船
それぞれ程よく水素を入れて
大きくふくれた大きい風船
小さくふくれた小さい風船
みんな張り切り、青空を飛んでゆく
大きい風船は高く
小さい風船は低く
幸福を求めて、楽しげに飛んでゆく
大きい風船も、水素が足らぬと飛ばない
小さい風船に水素を無理につめると裂ける
大きい風船、小さい風船
みんな程よく水素を入れて

一つ一つに希望をこめて
風船屋は風船をつくる

浦上料理

意外に思われるかもしれないが、ちゃんぽんや皿うどんなどの長崎の郷土料理を、永井は著書の中でよく紹介している。

〈昔の長崎の人は南蛮紅毛の食い物、唐天じくの食い物を巧みに日本の食い物に合わせて、なかなか思いつきの好い料理を作ったものでした。牛のすき焼き、鳥の水たき、ヒカド、テンプラのような中流市民向きのもの、シッポクの如き豪華目を見はらす貴族向きのもの、それから町民が一週一度食わねば腹がおさまらぬとまで親しむ皿うどん、チャンポン。――元を尋ねたら、それぞれ外国料理の流れを引いておりましょうが、日本人の口に合うようにあっさりした味と、美しい色どりを変えて、ただいまのような料理に工夫したのは長崎の人々でした。〉（『長崎の花』参照）

中でもクリスマス・イブの祝いの席で浦上の人々が食べる「浦上料理」の記述は、

貴重な郷土料理文化の記録である。1932年（昭和7）頃の料理の記述だと思われるが、『亡びぬものを』には次のように説明されている。

〈やぎの料理を中心に盛りたくさんな浦上料理だった。浦上料理は長崎市中のしっぽくとはまた少し違っていた。一つに卓の上に、はち盛りの料理があらかじめ全部並べてあり、各人のまえには油物用とすの物用と二はいの小皿がおいてあった。各人は自分のはしで好きな料理を好きなだけ小皿にとって食べた。料理はさしみ、たいの煮付、くじらの百ひろ、さめの湯引き、豚の子宮、やぎのすき焼き、そうめん、里いも、大根、人参、ごぼう、れんこんなどの煮しめ、大根なます、十六寸豆《とろくすんまめ》、てんぷら、そぼろ、小豆飯、鶏の吸い物というのがきまりだった。そぼろは豚肉といろいろの野菜のうま煮で、これは必ずなければならぬごちそうだった。〉（『亡びぬものを』参照）

永井隆の絵

長崎市永井隆記念館には、永井自身が生前描いた絵（スケッチ）が多く展示されている。

永井隆の『燔祭の歌』歌詞と絵入りの色紙（長崎市永井隆記念館蔵）

『この子を残して』によると、永井は幼い頃から絵が好きだった。幼少期に育った出雲の山奥には絵具はなく、木炭を丹念に硯《すずり》ですって筆で描いた。近くの川で色石を拾って来て、すって絵具の代りに彩色することも楽しみだった。しかし小学校に上がる前に父から、「絵かきは酒飲みや怠け者で貧乏するから、なってはならぬ」と言われ、筆を取り上げられてしまったという。

だが、父の跡を継いで医師の道を歩み出した後も、絵描きという職業に未練があった。被爆後病床についてから、

『永井隆の十字架の道行』
（絵・永井隆　解説文・結城了悟
発行日本二十六聖人記念館）より
「四留　イエス 母に会い給う」

永井は寝ながら筆を取って写生を始めている。この頃の心境を、〈だれにも習わぬまったくの我流だが、あの幼かったころの絵心が復活したようで、なんとなく楽しい。〉と、『この子を残して』に書き綴っている。

永井は生前、弟の元と合作で紙芝居も制作しており、１９９６年（平成8）、日本二十六聖人の殉教物語を描いた紙芝居が『路上の人』というタイトルで、殉教四百年記念事業の一環としてカトリック長崎大司教区から発行された。永井兄弟の描いた絵は、平成の世の人々にも深い感銘を与えたのである。

永井の遺作といわれる絵は、現在、長崎県平戸市のカトリック木ヶ津《きがつ》教会の堂内に飾られている。永井が亡くなる１９５１年（昭和26）の初めか少し前に描いた14枚の「十字架の道行《みちゆき》」だ。永井が最後の気力をふりしぼり、約１カ月で描き上げたものといわれている。

『永井隆の十字架の道行』（絵・永井隆　解説文・結城了悟　発行日本二十六聖人記念館）によると、永井の死後、遺族は浦上天主堂（中島万利神父）にこの絵を寄贈し、永く信者の信仰の対象になるよう掲げられることを願った。永井の絵は木造の仮聖堂に掲げられていたが、１９６２年（昭和37）に新しい大聖堂が完成し、その建物の大きさにふさわしい十字架の道行の絵（１９６１年中田秀和作）が掲げられることになったので、永井の絵はしばらく司祭館に収められていたという。そのことを知った今村悦夫神父が、同年の木ヶ津教会天主堂落成の折に浦上天主堂から譲り受け、堂内に掲げて、永井の偉業とカトリック的精神を今に伝えることになったということである。

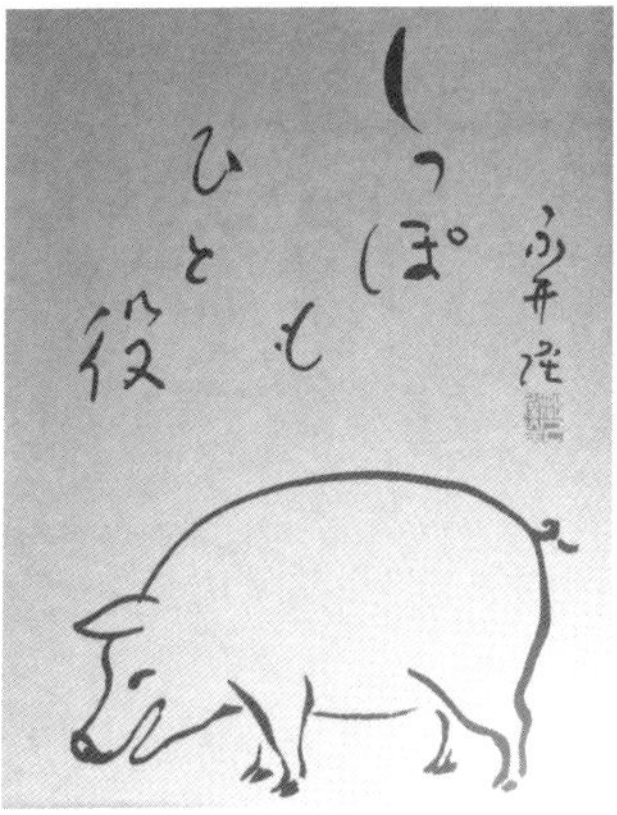

「しっぽもひと役」のブタの絵
（長崎市永井隆記念館蔵）

しっぽもひと役

永井が小学生の娘茅乃のために描いたといわれる「しっぽもひと役」という有名なブタの絵がある。『三刀屋如己の会会報』第６号の筒井茅乃氏の「しっぽもひと役」によれば、永井が最初に描いたブタの絵を茅乃に見せると、彼女は、「おかしかー」とクスクス笑っている。次にブタのお尻にくるりとしっぽの線を描き加えて、「ほら、これでどうね」とまた見せると、「うん、今度は良《よ》か」と彼女は不思議に納得したという。

永井はその絵に「しっぽもひと役」と書き入れて、「しっぽもひと役。ぶたのしっぽだってね、なかったら、おかしいだろう。何の役にもたっていないようにみえるしっぽでも、本当はとても役にたっている、なくてはならないものなんだよ」と説明した。ユーモラスな絵の中に込めた深い意味。世の中に存在するもので無駄なものは何ひとつない、永井はそういうことを娘に伝えたかったのだろう。

永井隆の詩句

永井は趣味として短歌や俳句も数多く作った。尋常小学校の高学年頃から作文が得意で詩句創作に興味を抱き、松江高校時代に短歌会に入った。長崎医科大学時代には3年生の時に同大アララギ支社に入会、歌会にも積極的に参加している。学生時代から友人、知人、同僚、親戚宛にスケッチに詩句を添えた手紙を送る習慣が永井にはあった。

１９９９年（平成11）、翌年の永井隆五十年忌を前に、歌集『新しき朝』が長崎如己の会より刊行されている。この永井の集大成ともいえる歌集は、永井が存命中に詠んだ和歌、俳句、長短詩を編纂したものである。

永井千本桜

『いとし子よ』と『生命の河』が続けて出版された１９４８年（昭和23）。九州タイムズ社の文化賞を受賞し、同社から贈られた５万円をもとに、永井は自費を追加して桜の３年苗木１、２００本を買い、２年越しで山里小学校、純心女子学園、浦上天主堂、家々の庭など浦上の地に植えた。平和と長崎の復興を願い、浦上一帯の原子野を「花咲く丘」にしたいとの思いからだったという。

〈植えた苗木が大きくなり、見ごろの花を咲かすまでには二十年たっぷりかかるでしょう。文化の香りゆたかな町が建ちそろうころには、花も盛りと咲き出してもらいたい……そう思って早く苗木を植えたのでした。〉（『長崎の花』参照）

この桜の木は「永井千本桜」と呼ばれて、長崎市民に親しまれながら毎年春に美しい花を咲かせた。戦後長崎の復興のシンボルとなった桜の木のほとんどが代替わりしてはいるが、現在も永井ゆかりの桜の木として浦上の春の丘を美しく彩っている。

『原子雲の下に生きて』編集秘話

１９４９年（昭和24）に出版された本の中に、永井が発案した『原子雲の下に生きて』という一冊がある。娘の茅乃が通う長崎市立山里小学校の被災児童の被爆体験を綴った作文を集めて、永井自ら編集し同年８月に出版されたものだ。爆心地から北へ６００メートルの場所にあった山里小学校（旧山里国民学校）では、原爆によって児童１、５８１名のうち約１、３００名が亡くなっている。

当時山里小学校校で教師をしていた山崎《やまさき》壽子《としこ》氏も本の制作に加わったひとりだ。山崎氏の回想記では、全校児童に作文を書かせ、その中から学校側が選んだ作文を永井の元へ持って行き、それから永井が37編に絞ったという。

その後の永井の編集作業で、子ども達の作文は大人が書いたような立派な文章になった。子ども達の書き綴った長崎弁も標準語に直された。それで山崎氏は、「これは子どもが書いた文章ではありません」と、少し違和感を覚え抗議をした記憶があるという。すると永井は、「それでいいんだ。事実をちゃんと伝えることが大事なんだ。

戦争は嫌だ！　という子どもらの叫びや原爆の恐ろしさを後世に伝えることが目的だから、文章の表現や良し悪しの問題じゃない」と答えている。山崎氏は永井のその言葉に、「分かりました。お任せします」と言って納得したと回想している。

原子雲の下に生きたる子供らが　平和をと叫ぶこえをこそ聞け　永井隆

この本によって得られた印税は子ども達に分け与えられた。その出版権利金と残った印税で、山里小学校の校庭に原爆犠牲児童の慰霊碑を建てることを永井が提案。費用の不足分は永井が出すことになった。そうして建てられたものが山里小学校の「あの子らの碑」で、同年11月3日（文化の日）に除幕式が行われた。その日、永井が作詞した『あの子』という曲（作曲木野普見雄）が児童達によって合唱されている。

この碑には、炎の中にひざまずき天に向かって祈る童女の姿が浮き出ている。傍らに立つ石には、永井自身の書で「平和を」の文字と裏面に「あの子らの碑」の文字が刻まれている。山崎氏の記憶によれば、永井は、「この碑に子ども達が馬乗りなって遊んでいい、そばで石を投げたり喧嘩したりしてもいい」と話していたという。

あの子

一、壁に残った　らくがきの
幼い文字の　あの子の名
呼んでひそかに　耳すます
ああ　あの子が生きていたならば

二、運動会の　スピーカー
聞こえるへやに　出してみる
テープ切ったる　ユニホーム
ああ　あの子が生きていたならば

三、ついに帰らぬ　面影と
知ってはいても　夕やけの
門に出てみる　葉《は》鶏頭《げいとう》

ああ　あの子が生きていたならば

うちらの本箱

終戦から5年が過ぎた1950年（昭和25）、本を読む機会の少ない浦上の子ども達のために、永井は自宅の部屋を解放し「うちらの本箱」という図書室を作った。当初は自宅の図書と友人・知人から寄贈してもらった古本を集めていた。

この小さな図書室は、「本は人間の心を育てる」との考えから作られたもの。子ども達が自由に本を読み、勉強する機会を与える場所を設けたいとの思いが込められていた。「うちら」とは長崎弁で「わたしたち」のこと。

しかし、この図書室の文庫を充実させることは容易なことではなかった。永井は原稿で得たお金で辞典や全集を買い、広く古本の寄贈を募集した。本の寄贈者には永井が丁寧な礼状に自作の絵を添えて贈った。この永井の考えに共鳴したのは国内の人々だけではなかった。アメリカでも寄贈運動が起こり、数千冊の洋書が集まったという。

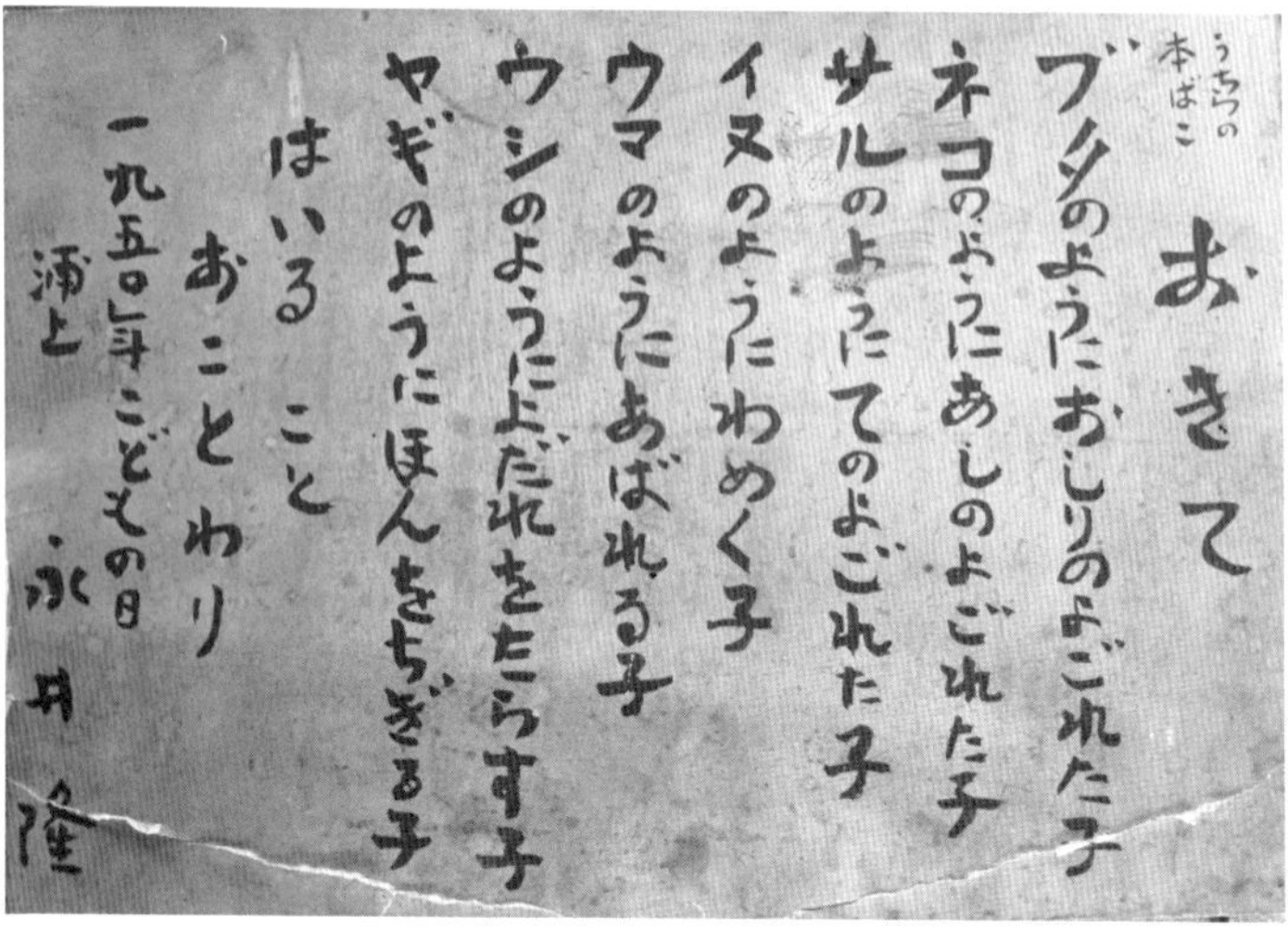
うちらの本ばこ
おきて
ブタのようにおしりのよごれた子
ネコのようにあしのよごれた子
サルのようにてのよごれた子
イヌのようにわめく子
ウマのようにあばれる子
ウシのようによだれをたらす子
ヤギのようにほんをちぎる子
はいること
おことわり
一九五〇年こどもの日
浦上
永井隆

永井隆自筆の「うちらの本箱のおきて」（長崎市永井隆記念館蔵）

「うちらの本箱」には、次のような永井らしいユニークなおきてがある。

うちらの本箱　おきて

ブタのようにおしりのよごれた子
ネコのようにあしのよごれた子
サルのようにてのよごれた子
イヌのようにわめく子
ウマのようにあばれる子
ウシのようによだれをたらす子
ヤギのようにほんをちぎる子
　はいること　おことわり

１９５０年　こどもの日

浦上　永井隆

その後、「うちらの本箱」は、如己堂を訪れ「子ども図書館」建築構想に感銘を受けたブラジル在留邦人から多額の寄付を受けることになる。その寄付と市費を併せて、1952年（昭和27）12月に「長崎市立永井図書館」が完成したのである。

「平和を」の色紙

永井は、二度と子ども達を戦争に合わせないという思いを「平和を」という三文字に託した。平和による人類の幸福を真剣に願う心から、この3文字を半紙に千枚書いて国内外の人々に配った。

「平和を」の色紙
（長崎市永井隆記念館蔵）

『平和塔』には、永井の戦争と平和への思いが次のように書き綴られている。

〈戦争というものは「互いに相愛せよ」との人間のおきてに背いて、互いに憎みあい、集団殺人をやって、万歳を叫ぶ荒仕事だ。「正義のいくさ」という言葉の中にすでに矛盾がある。同じように「平和のための戦争」という言葉も、それ自身が矛盾した言葉である。

（中略）

原子爆弾がもう一度どこかで裂けて、またもたくさんの子供たちを殺すことは、神を悲しませる。だから止めて欲しい、と祈るのである。

（中略）

平和を祈る者は、一本の針をも隠し持っていてはならぬ。自分が――たとい、のっぴきならぬ破目に追いこまれたときの自衛のためであるにしても――武器をもっていては、もう平和を祈る資格はない。

戦争をまったく放棄することが、平和の祈りの前提条件である。

軍備をもつ二つの勢力が釣り合っているために戦争は起こらずにいる状態は、仮性平和である。

わが国が自衛権をさえ放棄したことに対して不安を感じ、わずかな軍備は必要ではあるまいか、などといいだす者がいる。弱虫である。おくびょう者である。

（中略）

闘争だの戦争だのという騒ぎは、つまり、おくびょう者がやるのである。

「愛」の人は、すなわち「勇」の人であり、勇の人は武装しない。武装しない人は戦わない。つまり「平和」の人である。〉（『平和塔』参照）

永井は「平和を」のほかに「如己愛人」という言葉を好んで半紙に書き残し、お見舞いの手紙や品の返礼とした。『いとし子よ』の序文冒頭で、2人の子ども達に遺した言葉は《なんじの近き者を己の如く愛すべし》。そこに一貫して流れているものは、「如己愛人」の精神と「平和を」の切なる願いだったのである。

「如己愛人」の色紙
（長崎市永井隆記念館蔵）

永井隆の墓

長崎市坂本町に坂本国際墓地がある。そこには、日本が国を開いた幕末以降長崎に来航した海軍将校、領事館関係者やその家族、貿易商やその家族、学校・教育関係者らが埋葬されている。

坂本国際墓地の印象について、永井は次のように書き残した。
〈参る遺族とてない墓だから、美しい彫刻や花十字架をとりまいてリウゼツランなどが茂っている。墓石に刻んだ文字もいろいろの国の言葉である。戦争前には私もよく訪れたものである。だれかかれか市民が参るものとみえ、どの墓もよく手入れされ、花もそなえてあった。長崎の人は旅人にねんごろだとか、人情がこまやかだとか言われるのも、こんなところによく現われていた。〉（『平和塔』参照）
その坂本国際墓地の敷地の南側入口横の市所有地に、永井隆の墓はある。名誉市民の称号が与えられ、長崎市から貸与された墓地である。墓石は水平に置かれ、地面すれすれにつくられた。立石だと反り返って高慢に見えるという永井の意を受け、水平につくられたのだという。そこには、自分は人々から見上げられるようなことはしていない、見上げてもらうほどの人物でもない、との永井自身の謙虚な思いがあった。
墓の設計を担当したのは弟の永井元氏。中央の黒石墓碑には「パウロ永井隆　マリナ永井緑」と刻まれている。

長崎市永井隆記念館と如己の会の活動

永井が亡くなった翌年に開館した「長崎市立永井図書館」は、１９６９年（昭和44）に「長崎市立永井記念館」と改称。２０００年（平成12）に全面改装され、「長崎市永井隆記念館」と改称して再開館した。１階は永井の遺品や著書や写真などが展示され、2階は図書室となっている。説明パネルの文章は、日本語のほかに3カ国語（英語・ハングル語・中国語）に翻訳されており、永井の精神を広く国内外に伝える施設となっている。

１９７０年（昭和45）には、永井が生まれ育った故郷島根県雲南市三刀屋町にも「永井隆記念館」が開館。永井の偉業と豊かな人間性を永く顕彰するために、遺品や絵画、手紙などが展示された。同年10月には、長崎市永井隆記念館と姉妹館としての縁組を結んでいる。

両記念館のほかにも、永井隆の業績を継承するものとして、長崎では「長崎如己の会」（現在は特定非営利活動法人）が結成され、長崎・ヒバクシャ医療国際協力会が「永井隆平和記念・長崎賞」を創設している。

故郷の三刀屋町では、永井の存命中に創立された「飯石如己の会」を改組して「三刀屋町如己の会」が新たに発足し、1991年（平成3）に「永井隆平和賞」を創設した。「己の如く人を愛せよ」という言葉とともに、「平和を」の願いを全世界に訴えつづけた永井の精神を、未来を担う若い世代に伝えるために、毎年全国の小学生・中学生・高校生及び一般から広く「平和をテーマとする作文及び小論文」を募集し、優秀作品を表彰している。

「飯石如己の会」には設立時のエピソードがある。「飯石如己の会」の設立計画を知った永井から飯石村の小学校時代の恩師である長滝峯太郎氏に宛てた手紙が残っている。その末尾には、「〝永井博士を思慕する会〟をおつくりの由でありますが、それでは世界一流の人物は生まれません　〝永井博士を乗り越す会〟をおつくりくださいませ」と記されている。機知に富んだこの文章は、故郷の子ども達の活躍に期待し未来を託す永井の偽らざる願いが込められていたのだろう。この手紙は現在三刀屋町「永井隆記念館」に展示されている。

2004年（平成16）、三刀屋町から故永井隆に名誉町民の称号が贈られた。永井が育った三刀屋町多久和の永井家旧居は、安田家から三刀屋町に寄贈されていたが、茅葺き屋根の茅替え、木の門・板塀の復元、庭の補修事業を行ない、永井が住んでいた頃の姿に復元された。

２００４年（平成16）、お隣の韓国でも「韓国如己會」が結成され、「如己愛人賞」を創設。韓国の中高生を対象に永井に関する本の感想文を募集して表彰し、受賞者と長崎のカトリック信徒との交流事業なども行われている。

永井隆からのメッセージ

２０１４年（平成26）、雲南市市制施行10周年記念として、永井隆の生涯を描いた雲南市創作市民演劇『Takashi』（脚本・演出　亀尾佳宏）が上演された。出演者・スタッフは、一般公募で集まった70名。全員が戦後生まれで、永井隆を何も知らない世代であった。その「知らない」ところから始めた内容の演劇は、４カ月の稽古を重ね、同年９月に行われた４公演で多くの観客を魅了し、大きな感動を巻き起こしたという。演劇を通して、現在に生きる人々の心に、永井隆という人物を深く刻みつける出来事であったに違いない。

２０１７年（平成29）８月には、長崎市内の38校の中学生や教職員ら約３７０人が参加した平和学習発表会（長崎市と長崎市教育委員会主催）で、市立三川中学校の生徒が被爆医師故永井隆にまつわる朗読劇を発表し、永井の平和への思いを伝えた。

このように、永井隆の「己の如く人を愛する」の精神と世界平和と人類の福祉に尽くす強い思いは、過去から現在へ未来へと、長崎から島根から全国へ世界へと、少しも色あせることなく希望の光を放ち続けている。現代に生きる若い世代の心にも永井隆が打ち鳴らす「長崎の鐘」として響きわたりながら受け継がれている。戦後72年が経過し、2018年（平成30）2月に生誕110年を迎えるに当たり、永井隆が未来に託した平和への切なる思いは、今もなお存在感を示し続けているのである。

最後に、永井隆の著作から今を生きる人々へのメッセージを紹介して、本章の結びとしたい。


〈いとし子よ。

そなたたちが、人からいじめられていると考えねばならぬ場合も起こるだろう。そのときに、すぐに相手を恨んだり、憎んだりしてはならないよ。いったん相手の身になって考え直してみるがよい。また第三者になったつもりで横から見直してみるもいい。——案外、自分の方に小生意気な点があったり、ずるいところがあって、それが相手を怒らせている場合が多いものである。
自分が正しい、自分は善い人間だと思いこんでいると、よくこのまちがいを起こす。ほんとうに自分に悪い点がない場合には、相手があるいは自らの意志によらず、上からのいいつけによって仕方なしにやっているのではないか？　などと深く考えてみなければならぬ。〉（『いとし子よ』参照）

〈誠一よ、カヤノよ、たとい最後の二人となっても、どんな罵りや暴力を受けても、きっぱりと「戦争絶対反対」を叫び続け、叫び通しておくれ！　たとい卑怯者とさげすまれ、裏切者とたたかれても「戦争絶対反対」の叫びを守ってくれ！〉

（『いとし子よ』参照）

〈世界平和について難しい議論がくり返されているが、ほんとうに平和をもたらすのはそんなややこしい会議や思想ではなく、ごく単純な愛の力によるのだ。〉

（『いとし子よ』参照）

〈これが戦争の真のすがただ。この嘆き、このもだえ、この痛みが、戦争の本態なのだ。原子戦争はちっとも美しいものじゃない、おもしろいものじゃない、もっともあっけない、もっともむごたらしい、もっとも徹底した完全破壊である。あとに残るは灰と骨ばかり……。心をうつ物語一つ無い！〉（『花咲く丘』参照）

〈とにかく、原子力を兵器として使うようになったからには、もう戦争をおこさぬがよい。全く危ない火遊びだ。何もかも滅ぼして、自分もこの世からなくなってしまう。——このことは繰りかえし叫ばれるけれども、どこかでは、やっぱり戦争をにおわす言い争いが絶えない。これは原子力をナメているからだ。ナメるのはナメるほうの勝手だが、うっかりナメると青酸カリよりひどい。〉（『平和塔』参照）

〈偉い人の言う理屈は通っているかどうか知らないが、私たち日本人は、戦争を棄てると心にいったん決めたのだから、たといどんな目に会おうとも、棄てると言いきった誓いだけは棄てまい。〉

私がこう言えば、玄人は鼻の先で笑って、世界の事情は、そんな単純なものではないよ、と教えてくれる。

事情が単純だろうと、また複雑だろうと、結論は戦争を棄てるか、棄てぬか、の二つのうちの一つをとることであり、それを決める目安は、良いほうがいいのである。戦争なんて、やらないほうが良いに決まっている。〉（『平和塔』参照）

〈「平和を！……」

この願いをいちばん強く叫びたがっているのは、将軍でもなく、社会運動家でもなく、政治家でもなく、じつに私たち町民なのです。

戦争で少しも位が上がらず、勲章ももらわず、名は売れず、金はもうからず、利権にありつかず、ただひどい目にあわされるだけの町民こそ、戦争に反対し、永久の平和を守る主体であります。〉（『長崎の花』参照）

〈――戦争はおろかなことだ！

――戦争に勝ちも負けもない。あるのは滅びだけである！

——人間は戦争するために生まれたのではなかった！

——戦争はこりごりだ！

——平和を！　永久平和を！

この叫びを私は広く伝えたかった。〉（『花咲く丘』参照）

〈そう願って私たち長崎市民は世界に叫ぶ——

「長崎がピリオド！」

「長崎でおしまい！」

「平和は長崎から！……」

「次の戦争は人類の自殺！」

「私らは新しい原子病患者を見るに忍びない」

「ピカドン一発、くろこげ百万」〉（『花咲く丘』参照）

〈鐘はカーン、カーン、カーンと三つ続けて鳴り、しばし間をおいてまた三つ、さらに間をおいて三つ鳴り、それからまた間をおいて、あと続けて三十余り鳴る。

この鐘も戦のあいだは鳴らすのを止められていた。鐘の鳴らぬ長崎はなんとさみしいものであったろう！　戦が終わるとまた鳴り出した。いまも鳴っている。戦が無いから鳴っている。平和であるから鳴っている。これは平和の鐘だ。（中略）この鐘を明日も鳴らしたい、来年も鳴らしたい、さらい年も鳴らしたい、いついつまでも、世々の末までこの平和の鐘を鳴らし続けたい。〉（『花咲く丘』参照）

第9章

没後の永井批判について

「浦上燔祭説」への風あたり

被爆医師永井隆の実像の評価について、存命中から代作疑惑や内閣総理大臣表彰前の異議など、一部に否定的な意見はあった。だが、永井の多くの著作を通して、本人の思いとは関係なく、一般市民の間では偉人・聖人として紹介され、語られてきた。とりわけ同じ被爆者の浦上カトリック信徒にとって、永井隆医学博士は戦後復興の精神的支柱であり、その行動指針ともなりうる大きな存在であった。

本章では、没後に起こった永井の宗教的思想に対する批判についてふれてみたい。

永井が没した翌年の１９５２年（昭和27）、日米地位協定締結により日本の主権が回復。ＧＨＱによる占領政策は終わった。代わって、日米安全保障条約に基づき米軍が日本国内に駐留することになったのである。

１９５６年（昭和31）には、被爆詩人福田須磨子氏が処女詩集『ひとりごと』を発行し、自身の被爆体験から長崎原爆の非人道性や不条理を訴えている。

この頃（昭和30年代）から、永井の原爆被害を記述した宗教的思想に対して、さまざまな疑問や議論が出てくるようになった。主に永井批判の対象になったのは、１９４５年（昭和20）11月23日に永井が読み上げた浦上天主堂「原子爆弾合同葬弔辞」

中の次のような内容である。
〈日本の戦力に止めを刺すべき最後の原子爆弾は元来他の某都市に予定されてあったのが、その都市の上空は雲にとざされてあったため直接照準爆撃が出来ず、突然予定を変更して予備目標たりし長崎に落とすこととなったのであり、しかも投下時に雲と風とのため軍需工場を狙ったのが少し北方に偏って天主堂の正面に流れ落ちたのだという話をききました。もしこれが事実であれば、米軍の飛行士は浦上を狙ったのではなく、神の摂理によって爆弾がこの地点にもち来らされたものと解釈されないこともありますまい。

終戦と浦上潰滅との間に深い関係がありはしないか。世界大戦争という人類の罪悪の償いとして、日本唯一の聖地浦上が犠牲の祭壇に屠られ燃やされるべき潔き羔《こひつじ》として選ばれたのではないでしょうか？

（中略）

戦乱の闇まさに終わり、平和の光さし出づる八月九日、此の天主堂の大前に焔をあげたる、嗚呼《ああ》大いなる燔祭《はんさい》よ！　悲しみの極みのうちにも私たちはそれをあな美し、あな潔し、あな尊しと仰ぎみたのでございます。汚れなき煙と燃えて天国に昇りゆき給いし主任司祭をはじめ八千の霊魂！　誰を想い出しても善い人ばかり。

敗戦を知らず世を去り給いし人の幸よ。潔き羔として神の御胸にやすらう霊魂の幸よ。それにくらべて生残った私たちのみじめさ。日本は負けました。浦上はまったくの廃墟です。みゆる限りは灰と瓦。家なく衣なく食なく、畑は荒れ人は尠なし。ぼんやり焼跡に立って空を眺めている二人或いは三人の群。

あの日あの時この家で、なぜ一緒に死ななかったのでしょうか。なぜ私たちのみ、かような悲惨な生活をせねばならぬのでしょうか。私たちは罪人だからでした。今こそしみじみ己が罪の深さを知らされます。私は償いを果たしていなかったから残されたのです。余りにも罪の汚れの多き者のみが、神の祭壇に供えられる資格なしとして選び遺されたのであります。〉（『長崎の鐘』参照）

後に「浦上燔祭説」と呼ばれるようになるこの永井の思想について、１９６６年（昭和41）に出版された『長崎原爆記　―被爆医師の証言』の中で、被爆医師の秋月辰一郎氏は、〈私は、永井先生の「神は、天主は浦上の人を愛しているがゆえに浦上に原爆を落下した。浦上の人びとは天主から最も愛されているから、何度でも苦しまねばならぬ」といった考え方にはついていけないものを持っている。〉」（『長崎原爆記―被爆医師の証言』）と記述している。

1940年（昭和15）に京都帝国大学医学部を卒業し、長崎医科大学放射線科に入り、永井隆に師事した秋月辰一郎氏。秋月氏は医長として勤務していた浦上第一病院で被爆し、多数の負傷者の治療に当たった。1953年（昭和28）に仏教徒からカトリックに改宗。1968年（昭和43）に「長崎証言の会」を立ち上げた医師でもある。

永井隆について、秋月氏は『死の同心円―長崎被爆医師の記録』（1972年出版）で、こうも記述している。

〈先生は肉体を蝕まれ、衰弱が激しくなるにつれて、つまり白血病の進行と反比例して、被爆地ののろしとなり、全国の耳目を集めた。信仰的にも人間的にも、先生は、浦上の信徒が、長崎の人々が復興するための中心的存在になった。その文才、詩情、心情、絵心、そういったものが、先生の肉体の衰えとは逆に、やがてはなやかに開花していくのである。

先生が長崎の原爆を世界に紹介した功績は大きい。〝原爆の長崎〟〝長崎の永井〟というイメージが日本全国を風靡《ふうび》した。しかし、その訴えが、いささかセンチメンタルにすぎ、宗教的に流れてしまったきらいがないではない。そのために、長崎の原爆は、永井博士が一人で証言を引きうけたような結果になってしまった。放射能の二重苦に悩まされ、肉体的に疲れ果てていた先生は、原爆というものを宗教的にとらえるよりほかはなかったのだろう。〉（『死の同心円　―長崎被爆医師の記録』）

詩人山田かん氏の批判

１９７２年（昭和47）、長崎県諫早市在住の詩人山田かん氏は、〈黙する被爆者にただ一人、沈黙はおろか、饒舌じみて賑やかにことばを吐き散らしていた男がいた。〉（『長崎原爆・論集』「聖者・招かざる代弁者」）と、激しい言葉で永井を批判した「聖者・招かざる代弁者」という論文をまとめて雑誌に発表した。山田かん氏はこう記述している。

〈「浦上の聖者」「原子野の光」などという冠称のもとに、被爆を一身に体現したかのごとき、感傷過多の文章を発表しつづけ、昭和二十六年、華やかな生涯を閉じた「永井隆」である。

彼は「聖者」としてカトリック信仰を文面にちりばめることで、被爆の実態を歪曲し、あたかも、原爆は信仰教理を確かめるがために落とされたというような荒唐無稽な感想を書きちらした。しかもジャーナリズムはそれらを厚顔にももてはやすという、まさにアメリカ占領軍の意を体したかのごとき活動を行いつづけたのである。〉（『長崎原爆・論集』「聖者・招かざる代弁者」）

〈原爆を落とされて幸せであったとする永井ら信者の信仰形態は、一般の民衆の理解の域を超えるはずのものであるが、長崎においては、これへの反応は未だに見られることなく、他者の教義上のこととして見すごされてきたのである。一種のタブー意識であろう。〉（『長崎原爆・論集』「聖者・招かざる代弁者」）

この長崎市民のもつ永井の思想に対する批判のタブー意識が、カトリック信徒に止まらず、一般の被爆者が原爆の投下責任や非人道性を訴えることのできない状況を作り出したというのである。

永井の「原子爆弾合同葬弔辞」の内容についても、山田かん氏は、〈「原爆」の内質としてある反人類的な原理をおおい隠すべき加担にほかならなく、民衆の癒《いや》しがたい怨恨をそらし慰撫する、アメリカの政治的発想を補強し支えるデマゴギーであることも否めない。〉（『長崎原爆・論集』「聖者・招かざる代弁者」）と指摘している。

１９８３年（昭和58）に封切られた映画『この子を残して』（木下惠介監督作品）は、原作者永井の一貫して流れる平和への思いをリスペクトしながら、同時に永井の宗教的思想への批判も表現するような構成になっているように思われる。映画封切り２年前に広島・長崎を訪問したローマ教皇ヨハネ・パウロⅡ世の「戦争は人間のしわざです。戦争は人間の生命の破壊です。戦争は死です」の言葉が映画の冒頭シーンで印象的に映し出される。永井の浦上天主堂「原子爆弾合同葬弔辞」に対して、参列した信徒の間から、「異議有り。神が求めた犠牲なものか！」との激しい言葉が飛ぶシーンがある。さらには義母のツモ（淡島千景）の言葉として、「娘は神に召されて天国へ行ったとじゃありまっせん。犠牲の羔じゃありまっせん。原爆に殺されたとです。負け戦を承知で戦争ばやめなかったやつらに殺されたとです……」と、永井の考えに反発して訴えるシーンもある。

作家の井上ひさし氏は、１９８７年（昭和62）から月刊『文藝春秋』で連載を開始した『ベストセラーの戦後史１』の「この子を残して　永井隆　昭和二十四年」で、永井の著作の内容について次のように記述している。

〈反共を唱えていることと天主を讃えていることはじつによくわかる。だが、その共産主義批判の論旨を辿ると、幼稚な比喩が氾濫するばかりでちっとも埒が明かない。頭から相手を阿呆ときめつけて、高みから一方的にものを言っているという印象を受ける。カトリック信者や反共産主義者には元気の出る応援歌だろうけれど、立場のちがう読者には紙屑の束、なんら裨益するところがない。それに文章は熱気があるけれど乱暴で乱雑であるし――〉（『完本　ベストセラーの戦後史』「この子を残して　永井隆　昭和二十四年」）

〈まず、永井説に拠《よ》るならばアメリカは原爆投下を正義の行いであったと強弁できる。〉（『完本　ベストセラーの戦後史』「この子を残して　永井隆　昭和二十四年」）

〈――という具合に、神の摂理を持ち出せば人間世界から責任者を出さずにすむわけだ。為政者にとってこんな都合のいい話はない。そこで占領軍の検閲からこの『長崎の鐘』だけは免がれたのではないかと筆者には思われるのである。

もうあれこれ過去を詮索しても仕様がない、われわれはとにかく生き残ったのだから将来《さき》を見据えてさらに生きつづけなければならぬという考え方も日本人のあいだにうまれてきていた。すべては神の摂理、天主の恩寵という始末のつけ方がカトリックとやらにあるのなら、そいつを拝借してひとまず過去は精算ずみということにしようではないか。永井隆の思想は、当の日本人にとっても便利重宝なものだったのである。〉（『完本　ベストセラーの戦後史』「この子を残して　永井隆　昭和二十四年」）

高橋眞司氏の哲学的批判

現在、一般的に永井の浦上の原爆被害者に対する思想は「浦上燔祭説」として説明される。「浦上燔祭説」という言葉は、1994年（平成6）に当時長崎総合科学大学教授だった高橋眞司氏が『長崎にあって哲学する　―核時代の死と生―』の中で初めて名付けた。

燔祭とは生贄《いけにえ》の動物を祭壇上で焼き、神に供物として捧げる重要な儀式のこと。『長崎の鐘』によれば、浦上で被爆死したカトリック信徒達は天罰として犠牲になったという風評の通りではなく、〈原子爆弾が浦上に落ちたのは大きなみ摂理である。神の恵みである。浦上は神に感謝をささげねばならぬ〉という宗教的理解のもとに、永井は（カトリック信徒に向かって）この言葉を使っている。当時流れた「天罰」風評の背景には、江戸期の禁教時代に長崎中心街（旧市街地）に住んだ町民の浦上村潜伏キリシタンに対する蔑視や差別意識の構図も含まれていたと思われる。

高橋眞司氏は『長崎にあって哲学する　─核時代の死と生─』第4篇「長崎原爆の思想化をめぐって─永井隆と浦上燔祭説─」でこう記述している。

〈浦上燔祭説は永井隆が「天主公教浦上信徒代表」として読み上げた「原子爆弾死者合同葬弔辞」（1945年11月23日）、および「浦上合同慰霊祭弔詞（第1周年）」（1946年8月9日）のうちに表明されている。（中略）

さて、私たちは長崎原爆について、1）そもそも長崎原爆をどう見るか。2）原爆の死者をどう見るか。そして、3）生きのびた被爆者は何をなすべきか、といったもろもろの問いを立てることができる。永井隆がこれらの問いに、1）摂理、2）燔祭、3）試練、とこたえたとき、そこに〈浦上燔祭説〉が成立する。〉（『長崎にあって哲学する　─核時代の死と生─』第4篇　長崎原爆の思想化をめぐって─永井隆と浦上燔祭説─　第2節）

〈浦上燔祭説の歴史的意義として、何よりもまず、二重の免責ということがあげられる。長崎への原爆投下がもし神の摂理によるのであれば、無謀な十五年戦争を開始遂行し、戦争の終結を遅延させた、天皇を頂点とする日本国家の最高責任者たちの責任は免除されることになる。同様に、原子爆弾を使用したアメリカ合衆国の最高責任者たちの責任もまた免除されることになる。永井隆は『ロザリオの鎖』や『長崎の鐘』（日比谷出版社、１９４９年１月）が公刊されたとき、そこに盛られた浦上燔祭説がこうした責任の追及を封ずることになるのを自覚していた、と私は思う。〉（『長崎にあって哲学する　―核時代の死と生―』第４篇　長崎原爆の思想化をめぐって―永井隆と浦上燔祭説―　第３節）

１９９６年（平成８）、当時の長崎純心大学学長だった片岡千鶴子氏は、井上ひさし氏と高橋眞司氏の著作内容における永井批判に対して、『被爆地長崎の再建』で反論し、永井が発した言葉はカトリック信仰の言葉との意味合いから永井擁護論を発表した。

〈「原子爆弾が浦上に落ちたのは大きな御摂理である。神の恵みである。」ということばを取上げて、永井隆博士のこの考えは、日本の最高責任者たちの戦争の責任の追及を封じ、アメリカの原爆投下を正当化させて、ともに責任を免除させることになった、との意見を論述している。永井隆博士のこの言葉は、博士の死後、原爆と平和運動における永井批判の根拠として使われてきたものである。

しかし、私はこの言葉が批判の対象になっているような意味で使われたのではないことを知っているし、何よりも永井隆博士自身が被爆地浦上の「死んでしまった人たちと、傷ついたけれども回復してきた人たちを結ぶ、非常に大きい強い線」であったこと、博士が被爆地浦上の原爆からの回復のために身を挺して働いたことを知っている。〉（『被爆地長崎の再建』）

四條知恵氏はキリスト教の影響を分析

日本学術振興会特別研究員の四條知恵氏は、長崎大学核兵器廃絶研究センター客員教授だった2015年（平成27）に『浦上の原爆の語り　永井隆からローマ教皇へ』を出版。2017年（平成29）に出版された『長崎―記憶の風景とその表象』第4章において、「長崎のカトリック教界におけるローマ教皇来訪の波紋」を執筆。原爆被害を意味付ける「キリスト教の信仰に影響された特徴的な原爆の語り」という視点で、永井隆の思想の影響について考察を重ねている。

永井の思想について四條氏は、〈彼の著作に見られる原爆被害に対する独特な思想（燔祭説：原爆死を神への犠牲と捉える考え方）の功罪については、擁護の声がある一方で、批判も重ねられてきた。燔祭説は、被爆地浦上のカトリック信仰に支えられた独特な思想として、ときに永井のみならず長崎における原爆被害の表象全般に関わる問題と捉えられ、占領軍との親和性、原爆投下責任の隠蔽、原爆被害に関する記録・文学の貧困や平和運動の停滞などの点から繰り返し批判を受けてきた。〉（『長崎―記憶の風景とその表象』第4章　長崎のカトリック教界におけるローマ教皇来訪の波紋　Ⅰ）と指摘している。

四條知恵氏は、1981年（昭和56）2月の広島・長崎を訪問したローマ教皇ヨハネ・パウロⅡ世の発言の影響に注目。広島平和記念公園で行われた特別講演で「戦争は人間のしわざです。戦争は人間の生命の破壊です。戦争は死です」という日本語で始まる教皇の「平和アピール」を取り上げ、〈本章では、永井隆の燔祭説とローマ教皇ヨハネ・パウロⅡ世の発言の影響に着目しつつ、戦後七〇年間の長崎のカトリック教界における原爆の語りを検証した。〉（『長崎―記憶の風景とその表象』第4章　長崎のカトリック教界におけるローマ教皇来訪の波紋　Ⅵ）とし、次のように続けている。

〈占領下の浦上では、永井隆の燔祭説をめぐる原爆の語り（以下：燔祭説をめぐる語り）が支配的な位置を占めていた。1950年代半ば以降の原水爆禁止運動や被爆者運動の進展に伴い、原爆被害を悲惨で残酷なものと捉え、核兵器に反対するという一つの支配的な語りが芽生え、これに六〇年代後半の市民運動の広がりも相まって、少数のカトリック教徒のあいだから、徐々に永井の燔祭説に対する違和感が表明されるようになる。被爆から年月が経ち、浦上を取り巻く社会状況の変化は、浦上のカトリック教界における支配的な語りの変容の素地を準備していた。そこに教皇が来訪することにより、カトリック教会が組織として動き出し、浦上の原爆の語りは、永井の影響の名残から抜け出し、戦争を否定すべきものと捉え、原爆被害の悲惨さを語り継ぐことの意義を強調する教皇の発言をめぐる語りへとダイナミックに変容することとなった。〉（『長崎―記憶の風景とその表象』第4章　長崎のカトリック教界におけるローマ教皇来訪の波紋　Ⅵ）

以上、ここまで時代を追ってみてきたように、戦後72年に及ぶ時代の変遷や様々な立場の人々の発言や記述によって、永井隆の宗教的思想に対する捉え方や評価は変わっていき、「浦上燔祭説」といわれる永井批判は定着し、現在も生き続けている。しかし、永井が後世に託した「平和への思い」そのものは途切れることなく、被爆地長崎と故郷島根県雲南市で受け継がれているのである。

最後に、２０１５年（平成27）出版の『長崎にあって哲学する・完　―３・11後の平和責任―』で、高橋眞司氏（出版時　長崎大学生涯教育室客員教授）が被爆地長崎と永井隆と秋月辰一郎氏の関係性についてふれた記述を紹介して、本章の結びとしたい。

〈１９８５年、熊本で永井隆とかれの「浦上燔祭説」を論じたとき、わたしは永井の業績の継承者、または批判者として秋月を位置づけて、「永井隆から秋月辰一郎へ」と結論づけた。それは歴史的にみて間違っていないと思うけれど、今わたしは、永井隆と秋月辰一郎は共に長崎にとって欠くことのできない人と考えている。原爆から六年後、１９５１年５月に亡くなった永井の業績だけでは不十分であって、秋月の仕事と接続させなければ、長崎原爆と被爆地ナガサキのことはわからない。

（中略）永井と秋月の二つの、たがいに響きあう対照的な個性を生み出したところに被爆地長崎の人間と思想の豊かさがある、と言いたい。長崎から平和の発信にとって両者はともに不可欠である。だから今、わたしは「永井隆と秋月辰一郎」と言うのである。〉（『長崎にあって哲学する・完　―３・11後の平和責任―』第２編　秋月辰一郎―長崎の被爆医師　第２章19）

あとがき

本書の執筆には約10カ月あまりを要した。最初は半年で書き上げるつもりだったが、なかなかどうしてそうは問屋が卸してくれず、相当苦戦した。

苦戦の第一の原因は、年譜の整理にあった。永井本人の著作と他の関係資料をつけ合わせていくと、例えばある出来事やエピソードについて、日にちや時間が異なっている記述が存在した。よくよく考えてみると、原爆投下前後の記憶ひとつとってみても、人類史上未曾有の悲惨な体験をしたことにより、個人の前後の記憶は錯乱・混乱して当然であったろう。しばらく経って振り返った時に、多少の時間のずれがあったとしても仕方のないことだと思われる。

そこで一考したことは、永井隆本人の著作『長崎の鐘』『ロザリオの鎖』『この子を残して』『いとし子よ』『亡びぬものを』などを縦軸にし、片岡弥吉著『永井隆の生涯』と永井誠一著『永井隆　長崎の原爆に直撃された放射線専門医師』などの著作物や、旧長崎医科大学（現在の長崎大学医学部）や出雲市三刀屋町の関係資料や関係者証言などを横軸にして、比較検討しながら、進めていくといった方法であった。そういう作業を通して、少しずつ頭の中を整理していったという具合である。

この作業の途中では、個人的な興味深い発見というか収穫も幾つかあった。

まず島根時代のエピソードを知るなら、長崎市永井隆記念館の永井徳三郎館長からご紹介いただいた、『三刀屋如己の会会報』の内容が最適だった。資料価値も高いと思われる。おかげさまで、あまり一般的に知られていないエピソードも、本書では紹介することができたのではないかと思っている。とくに印象に残ったのは、当時飯石村に大昭会という若者の集まりがあり、隆が中心となり小学校の講堂で自作自演の演劇発表会を開いていたという須山清子氏の回想記だった。これは、聖劇や紙芝居や脚本など、後々の永井の創作活動につながるものである。

次に長崎医科大学のバスケットボール部時代のエピソードについて。『長崎県スポーツ史』(財)長崎県体育協会)で紹介されている興味深いコラムの一部は、一般的な永井の聖人・偉人のイメージとはかけ離れているためか、あまり伝記などの著作物では紹介されていないことが分かった。しかし、人間・永井隆の魅力的な多面性を語る上で、欠かすことのできないものと考え、後輩達の証言記録なども含めて、本書では紹介することとした。

それから永井が長崎医科大学学長宛に提出した『原子爆弾救護報告』について。長崎大学の「原爆復興70周年記念事業報告」によると、報告書のほとんどが鉛筆書きで、筆跡は一種類ではないので、口述筆記の可能性があると指摘されている。実はそのことについて、関連する記述が『三刀屋町如己の会会報』第4号にあった。安田三郎氏（永井の実妹で次女の安田サワ子氏の義弟）と永井の実妹で長女の松田文子氏が、原爆投下後しばらく長崎に滞在し、『原子爆弾救護報告』の口述筆記（原文では「原爆救護報告書の口述速記」）を手伝ったことが紹介されている。つまり、永井以外の筆跡の主は、この2人の可能性が高いと思われるのである。

本書執筆中に一番驚き困惑したことは、原爆投下後に永井親子3人が三ツ山で再会する場面であるが、3人の著作を読むとそれぞれの記憶が異なっていることであった。再会の日時や状況も違っているので、これはそのまま紹介することとした。

第8章の「永井隆からのメッセージ」は、永井自身の著作集からとくに「平和への思い」を感じた文章を集めたものだ。世界平和実現への強い思い、戦争反対、核兵器使用反対、新平和憲法制定への喜びと期待など、当時発信された永井のメッセージは、今の時代の混迷を見透《みとお》して書かれたような印象さえ受ける。戦後の永井批判を理由に、永井隆の時代は遠い過去のことで、とっくに終わっていると言う人もいる。だが、私には、死の床で綴った永井の思いが、今の時代にこそ必要とされていると思えて仕方がないのである。

このように、四苦八苦しながら書き上げたのが本書である。人間・永井隆の実像をもっと知りたい、若い世代へ伝えたい、届けたい、という意欲だけは誰にも負けないつもりで、真摯に向き合ってきた。本書全体を読み終えたあと、読者のみなさまには、従来の永井隆像に新たな一面を加えてもらえることができたとしたら、筆者としてこんなに嬉しいことはない。

最後になりますが、本書執筆に当たり、格別のご指導とご協力をいただいた長崎市永井隆記念館の永井徳三郎館長と長崎文献社の堀憲昭氏に感謝の意を表し、お礼を申し上げます。

２０１８年２月　小川内清孝

永井隆　関連年譜

1908年（明治41）	2月3日	島根県松江市に生まれる
1920年（大正9）		島根県飯石村尋常小学校卒業。松江中学校入学
1923年（大正12）	9月1日	**関東大震災**
1925年（大正14）		松江高校入学
1928年（昭和3）		長崎医科大学入学
1929年（昭和4）	10月	**世界恐慌始まる**
1930年（昭和5）	3月	母ツネ逝去
1932年（昭和7）	3月	長崎医科大学卒業
	6月	物理的療法科勤務（助手）。放射線医学を専攻
1933年（昭和8）	2月	幹部候補生として広島歩兵連隊に入隊、満州事変を転戦
1934年（昭和9）	2月	帰還。物理的療法科助手に復帰
	6月	カトリックの洗礼を受ける
	8月	森山緑と結婚
1935年（昭和10）	4月	長男誠一（まこと）誕生
1937年（昭和12）		長崎医科大学講師

	7月	日中戦争に軍医として従軍
1939年（昭和14）	2月	父寛（のぶる）逝去
1940年（昭和15）		帰還。長崎医科大学助教授。物理的療法科部長
1941年（昭和16）	8月	次女茅乃（かやの）誕生
	12月	**日本軍真珠湾を攻撃、太平洋戦争始まる**
1944年（昭和19）		医学博士
1945年（昭和20）	3月10日	**東京大空襲**
	6月	慢性骨髄性白血病で余命3年と宣告される
	8月6日	**広島に原爆投下**
	8月9日	原爆被災。右側頭動脈を切断。原爆で妻緑を亡くす
		被爆後、長崎医科大学、三ツ山木場（12日～）で救護活動を行う
	8月15日	**終戦**
1946年（昭和21）		長崎医科大学教授
	7月	長崎駅で倒れ、以後11月より病床に伏す
	11月3日	**日本国憲法公布（翌年5月3日施行）**
1948年（昭和23）	3月	如己堂建ち、移り住む
	8月	長崎医科大学休職

	10月	ヘレン・ケラー女史如己堂を訪問
1949年（昭和24）	1月	『長崎の鐘』発行
	5月	昭和天皇に拝謁　教皇特使ギルロイ枢機卿の見舞いを受ける
	9月	長崎大学医学部教授を退職
	12月	長崎市名誉市民の称号を贈られる
1950年（昭和25）	5月	教皇からロザリオ贈られる
	6月	国家表彰を受け、昭和天皇から銀杯一組を賜る
1951年（昭和26）	5月1日	長崎大学医学部附属病院にて逝去。43歳
1952年（昭和27）	12月	長崎市立永井図書館（現在の長崎市永井隆記念館）開館

主な参考文献・資料

永井隆著『長崎の鐘』（1946年脱稿　1949年出版）
永井隆著『ロザリオの鎖』（1948年出版）
永井隆著『この子を残して』（1948年出版）
永井隆著『亡びるものを』（1948年出版）
永井隆著『生命の河』（1948年出版）
永井隆著『如己堂随筆』（1951年出版）
永井隆著『いとし子よ』（1949年出版）
永井隆著『花咲く丘』（1949年出版）
永井隆著『村医』（1978年出版）
永井隆著『平和塔』（1979年出版）
永井隆著『長崎の花』上・中・下（聖母の騎士社　聖母文庫　上・下　1988年出版　中　2005年出版）
永井隆著『新しき朝』（聖母の騎士社　聖母文庫　1999年出版）
永井隆編『原子雲の下に生きて』（1949年出版）
永井誠一著『永井隆　長崎の原爆に直撃された放射線専門医師』（サンパウロ　2000年出版）
片岡弥吉著『永井隆の生涯』（中央出版社　1952年出版）
筒井茅乃著『娘よ、ここが長崎です　永井隆の遺児、茅乃の平和への祈り』（くもん出版　1985年出版）
千秋実・佐々木踏絵著『わが青春の薔薇座』（リヨン社　1989年出版）
『ながさき原爆の記録』（長崎市・長崎原爆資料館　1996年発行）
『長崎游学1　原爆被災地跡に平和を学ぶ』（長崎文献社　2004年出版）

永井隆・長崎医科大学第十一救護隊　著『長崎医大原子爆弾救護報告』（長崎医科大学物理的療法科　朝日新聞社　1970年出版）
調来助著「長崎医科大学原爆被災復興日誌」（長崎大学医学部原爆復興五十周年医学同窓記念事業会　1996年発行）
古屋野宏平・相川忠臣・池田高良著「長崎医科大学の原子爆災」（長崎大学医学部原爆復興五十周年医学同窓記念事業会　1996年発行）
長崎医科大学原爆記録集編集委員会　編　原爆復興50周年記念『長崎医科大学原爆記録集』第一巻、第二巻、第三巻（長崎大学医学部原爆復興五十周年医学同窓記念事業会　1996年出版）
『三刀屋町如己の会会報』（三刀屋町如己の会　1994年創刊号〜2016年第23号）
『長崎県スポーツ史』（財長崎県体育協会）
『市制百年　長崎年表』（長崎市役所）

秋月辰一郎著『長崎原爆記　—被爆医師の証言』（日本図書センター　平和文庫　2010年出版）
秋月辰一郎著『死の同心円　—長崎被爆医師の記録』（長崎文献社　2010年出版）
山田かん著『長崎原爆・論集』（本多企画　2001年出版）
井上ひさし著『完本　ベストセラーの戦後史』（文藝春秋　文春学藝ライブラリー　2014年出版）
高橋眞司著『長崎にあって哲学する　—核時代の死と生—』（北樹出版　1994年出版）
高橋眞司著『長崎にあって哲学する・完　—3・11後の平和責任—』（北樹出版　2015年出版）
片岡千鶴子・片岡瑠美子　編・著『被爆地長崎の再建』（長崎純心大学博物館　長崎純心大学平和文庫　1996年出版）
四條知恵著『浦上の原爆の語り　永井隆からローマ教皇へ』（未来社　2015年出版）
葉柳和則　編著『長崎—記憶の風景とその表象』（晃洋書房　2017年出版）

取材協力・資料提供　長崎市永井隆記念館（永井徳三郎館長）

著者略歴

小川内　清孝（おがわうち　きよたか）

1958年長崎県長崎市生まれ。1982年駒澤大学法学部卒。

長崎市在住のライター&エディター。地域発の小説やシナリオ・脚本など創作活動も行う。

《主な実績》『クラゲに学ぶ　ノーベル賞への道』（下村脩著　長崎文献社）編集進行。『長崎に舞う　魂のLove and Lucky』（加藤久邦著　長崎文献社）構成・文。『チンドン大冒険　ボクがチンドン屋になった理由』（河内隆太郎著　長崎文献社）構成・文。『赤い花の記憶　天主堂物語　舞台裏』（小川内清孝著　長崎文献社）。

《主な脚本》市民ミュージカル『OMURAグラフィティー』（作）、『赤い花の記憶　天主堂物語』（作）。平和朗読劇『としさんのあやの食堂』（作・演出）、『今は春べと咲くやこの花』（作・演出）。

長崎偉人伝

永井　隆

発行日　2018年8月9日　初版第1刷　2020年12月15日　第2刷

著者　小川内　清孝（おがわうち　きよたか）

発行人　片山　仁志

編集人　堀　憲昭

発行所　株式会社 長崎文献社

〒850-0057　長崎市大黒町3-1　長崎交通産業ビル5階

TEL095-823-5247　ファックス095-823-5252

HP:http://www.e-bunken.com

印刷・製本　株式会社 インテックス

ISBN978-4-88851-299-2　C0023